# ¿Podría Ser Tan Simple?

UN MODELO BÍBLICO
PARA SANAR LA MENTE

TIMOTHY R. JENNINGS, M.D.

Timothy R. Jennings, M.D.
www.comeandreason.com
Lennox Publishing

Título de la obra original: **Could It Be This Simple? A Biblical Model For Healing The Mind.**

Copyright © 2012 por Lennox Publishing
Publicado por Lennox Publishing, Chattanooga, TN 37424, ISBN 978-0-9858502-4-1

Copyright © 2007 por Review and Helard Publishing Association, ISBN 978-0-9858502-0-3
Previously Published 2007 by Autumn House Publishing, a division of Review and Herald Publishing, Hagerstown, MD 21741-1119, ISBN 978-0-8127-0435-8

Reservados todos los derechos. No se permite la reproducción total o parcial de esta obra, ni su incorporación a un sistema informático, ni su transmisión en cualquier forma o por cualquier medio (electrónico, mecánico, fotocopia, grabación u otros) sin autorización previa y por escrito de los titulares del copyright. La infracción de dichos derechos puede constituir un delito contra la propiedad intelectual.

Este título puede ser adquirido a granel con propósitos educacionales, de negocios, para venta promocional o para recaudar fondos. Para mayor información escribir a requests@comeandreason.com.

El autor asume plena responsabilidad por la exactitud de los hechos presentados en este libro. Algunas citas han sido traducidas directamente del inglés.

A menos que se indique lo contrario, las citas bíblicas han sido tomadas de la versión Reina-Valera 1960. ©1960 Sociedades Bíblicas En América Latina.
Las citas bíblicas marcadas NVI se tomaron de la Nueva Versión Internacional, ©1999 por la Sociedad Bíblica Internacional. Las citas bíblicas marcadas DHH se tomaron de la versión Dios habla hoy, ©1966, 1983 por Sociedades Bíblicas Unidas. También se utilizó La Biblia de las Américas, ©1986, 1995, 1997 por TheLockman Foundation.

Traducción: Katia S. Stoletniy, Marcos R. Domingo
Edición del texto: Alejandra M. Alvarez
Diseño y diagramación de la tapa: Dean Scott

IMPRESO EN LOS ESTADOS UNIDOS

Jennings, Timothy R. 1961-
    ¿Podría ser tan simple? : Un Modelo Bíblico Para Sanar La Mente / Timothy R. Jennings.

ISBN: 978-0-9858502-4-1

# Dedicación

Para Ella

# Reconocimientos

No hubiera sido posible hacerle llegar este libro sin el apoyo paciente, comprensivo y amoroso de mi esposa Christie. Christie, tu siempre me has mostrado una y otra vez la bondad y el amor de Dios. Por medio de ti, Él ha tocado mi alma. ¡Gracias! ¡Te amo!

También quiero reconocer a mi madre y a muchos amigos que me han dado el empuje necesario, el ánimo y apoyo durante todo el proceso de escribir este libro.

Y por sobre todas las cosas, quiero agradecerle a Dios, quien generosamente me ha dado la oportunidad de preparar para este libro.

Todas las historias de pacientes detalladas en este libro son verdaderas. He cambiado todos los nombres y la información específica con el fin de proteger la confidencialidad. Algunos de los casos presentados combinan la información de varios individuos para proteger aún más su confidencialidad.

Para Pedir Ejemplares Adicionales de *¿Podría Ser Tan Simple?*

por el Dr. Timothy R. Jennings

Visite www.comeandreason.com, o búsquelo en su librería local o a través de amazon.com

# Contenido

Prólogo ............................................. 7

Capítulo 1. El Poder de lo que Creemos ............ 10

Capítulo 2. La Jerarquía de la Mente ............... 19

Capítulo 3. El Destructor Dentro Nuestro .......... 32

Capítulo 4. El Desbalance .......................... 41

Capítulo 5. La Ley de la Libertad .................. 48

Capítulo 6. Gente Sombra ........................... 55

Capítulo 7. La Ley del Amor ........................ 63

Capítulo 8. Falsificaciones del Amor ............... 72

Capítulo 9. Fe -¿Realidad o Ficción? ............... 83

Capítulo 10. Restableciendo el Orden ............... 90

Capítulo 11. La Batalla Espiritual ................. 102

Capítulo 12. El Perdón ............................. 115

Capítulo 13. Las Víctimas de la Guerra ............. 126

Capítulo 14. El Camino de la Muerte ................ 141

Capítulo 15. Saliendo de las Sombras ............... 158

Capítulo 16. La Mente Restaurada ................... 163

# Prólogo

Ella pensaba que su vida no tenía valor – sentía que no era buena para nada ni para nadie. Poco podía imaginarse de qué manera su vida tocaría la mía. Mi paciente no tenía la más mínima idea de que ella me enviaría en un largo viaje, un viaje que duró 13 años y que me llevó a escribir este libro.

Yo estaba en el segundo año de mi residencia en psiquiatría cuando la conocí por primera vez. Era un día frio. El cielo estaba gris y lluvioso, y yo tenía la esperanza de tener un día tranquilo en la guardia. Creo que no había nada malo en esperar. Acababa de preparar una merienda y esperaba tener una tarde tranquila viendo fútbol en la televisión y comiendo nachos con guacamole cuando el sonido de mi teléfono me recordó que yo era un residente y que el fútbol tendría que esperar. Dejé la televisión encendida, los nachos en la mesa, y me fui rápidamente al Centro Médico Eisenhower de la Armada (CMEA), ubicado en el fuerte Gordon en Augusta, Georgia, para atender mi primera "Emergencia Psiquiátrica" solo en la guardia.

Cuando la vi por primera vez su apariencia era bastante común. ¿Cómo podía yo imaginarme en ese momento que la historia de su vida tendría un efecto tan grande en mí? Ella se veía tan triste y tan sola, su condición era lamentable y su rostro reflejaba a alguien a quien los años le habían pasado dejando huellas. Aunque solo tenía 47 años, su piel se veía desgastada, arrugada y con los rastros de la propia edad. Su cabello tenía un tono anaranjado artificial. En vez de maquillaje, sus mejillas mostraban las huellas de sus lágrimas. Estaba vestida con el uniforme tradicional azul de paciente del hospital psiquiátrico.

Un asistente de psiquiatría había sido asignado a su cuarto para proveer vigilancia las 24 horas con el fin de evitar que ella realizara nuevos intentos de suicidio. Aunque sus ojos parecían divagar al infinito, yo sentí que había algo dentro de ella pidiendo ayuda a gritos. Habiendo fracasado el logro de su más reciente intento de suicidio, ella había perdido la esperanza y se había entregado a la apatía y al desasosiego. Y ahora ella era mi responsabilidad.

Al ir conociéndola más profundamente, descubrí una historia dolorosa y triste cuyas consecuencias, ella todavía trataba de resolver. Me contó que había crecido en Escocia en una familia Cristiana conservadora. Sus padres le enseñaron a respetar al sacerdote de la parroquia como un representante de Dios en la tierra. Sin embargo, me explicó que este hombre la había abusado sexualmente desde los 6 a los 10 años y más tarde le recordaba su pecaminosidad y su necesidad de arrepentimiento sin los cuales se quemaría en el fuego del infierno.

Luego de esto, ella continúo la descripción su vida como una historia tumultuosa con múltiples relaciones amorosas fracasadas. Una vida en donde era común sentir cambios estado de ánimo drásticos, pesadillas, memorias recurrentes de abuso además de sufrir de ansiedad, ira y rabia – especialmente si tenía que confiar en otra persona.

Sin embargo, lo que era aún más preocupante, era su sufrimiento de un miedo a Dios crónico, y estaba llena de preguntas como: "¿Fue Dios quien me hizo esto? ¿Fue su voluntad que yo fuera abusada? ¿Será que Él me odia? ¿Si Dios es amor porque permite que los niños sean abusados? ¿O será que Dios ni siquiera existe? Hasta ahora, en su vida, ella no había podido encontrar respuestas a la silenciosa tormenta que tenía en su alma. Al continuar relatando la historia de su vida ella contó como había hecho varios intentos infructuosos por escapar del dolor en su corazón. Las drogas, el alcohol y múltiples encuentros sexuales la habían dejado vacía. Fue entonces, cuando el dolor llegó a ser tan insoportable, que intentó quitarse la vida.

Como yo aún era residente, las regulaciones de mi práctica psiquiátrica me exigían presentar todos los casos de mis pacientes al psiquiatra de cabecera que me supervisaba semanalmente. Cuando llegamos su caso en la supervisión, mi jefe sintió que los problemas involucrados en el caso de mi paciente estaban fuera del campo de la psiquiatría, y que debería ser referido a un capellán para que abordara estos problemas. Después de hablar con ella sobre esta posibilidad, estuvo de acuerdo en ver a un capellán pero pidió que fuera de una denominación religiosa diferente a la que ella hubiera tenido cuando era niña.

Después de realizar varias visitas al jefe de los capellanes del CMEA, le pregunté cómo le había ido en las sesiones con él. *"Muy raro"*, contestó. *"Me dijo que no leyera mi Biblia. Me dijo que no orara. En cambio, me dijo que escribiera una lista de cada cosa mala y dolorosa que me había sucedido. Luego me dijo que imaginara un rayo de luz viniendo por la ventana y quemando la lista que había hecho. Después de eso tenía que romper el papel, y mis problemas se habrían terminado"*. Por supuesto este ejercicio no eliminó sus problemas, mucho menos logró calmar la tempestad en su alma o encontrar las respuestas a sus preguntas sobre Dios y el rol de Él en Su vida.

Mientras estaba allí escuchándola, me sentí muy impotente. Yo quería ayudarla a responder sus preguntas, a quitar el dolor que tenía. Pero no tenía las respuestas. Todo lo que podía hacer era escuchar. No tenía nada profundo para ofrecerle – y esto me enojaba. Fue entonces, en ese momento, que me decidí buscar las respuestas - respuestas reales que le permitirían sanar realmente para que, de esa manera, pudiera ofrecer algo que ayudara a sanar el dolor. Este libro es el resultado de esa búsqueda.

Mi paciente pensaba que su vida no tenía valor. Ella llego a la conclusión que su vida no tenía importancia, que no le importaba a nadie. Pero estaba equivocada. Su vida era importante, era importante para mí. Soy privilegiado de haberla conocido. Y quizás, muchos otros al leer este libro, harán una pausa al recordar su vida y reconocerán cuán significativa fue realmente su vida.

CAPÍTULO **1**

# El Poder de lo que Creemos

Podría aburrirlos escribiendo muchas páginas para describir la confusión que existe en los textos psiquiátricos al buscar respuestas significativas. Podría describir las teorías de Freud, "el padre de la psiquiatría", o Jung, Sullivan, Adler, Kernberg, Kohut, Beck, y muchos otros que le siguieron. Pero al leer cada una de estas teorías, había algo que faltaba. Al tratar de encontrarle sentido, me di cuenta de que cada pensador estaba describiendo una pieza de un rompecabezas más grande, un fragmento de un todo mayor, pero incluso si tomaba todo lo que estos autores habían escrito, aun así no lograría poner todas las piezas juntas y completar el rompecabezas.

Debido a que muchas de estas teorías tomaron puntos de vista que las ponen en conflicto la una con la otra, esto ocultó el gran diseño maestro e hizo difícil encontrar una comprensión unificada de la mente. Se necesitaba un modelo unificado de la mente – un modelo que las personas comunes pudieran comprender. Yo sabía que si quería ayudar a alguien como la paciente que describí en el prólogo, las respuestas debían ser directas, sensibles y claras. Por lo tanto empecé desde lo más básico y desde ahí seguí construyendo.

### El software y el hardware

La mente es una súper computadora bio eléctrica intrincadamente compleja. Y así como las computadoras que tenemos en casa, la mente tiene un *hardware* y un software. El término hardware se refiere a los componentes físicos a partir de los cuales la computadora es construida (Ejemplo, el disco duro, la tarjeta de video, la tarjeta de red, etc.). El hardware que forma nuestra computadora mental es el tejido cerebral mismo, con todos sus billones de neuronas.

## EL PODER DE LO QUE CREEMOS

Pero la sola presencia del hardware no es suficiente para que la computadora funcione. Debe estar presente igualmente el software o la programación de la computadora. Una computadora debe tener un "sistema operativo" - que es un marco de reglas que dirige su funcionamiento. El programa de Microsoft Windows sería un ejemplo de tal sistema operativo. El cerebro viene con un hardware o conexiones que han sido programadas genéticamente con ciertas características que lo dejan listo para recibir un sistema operativo.

El sistema operativo se instala durante la niñez y pasa constantemente por modificaciones a lo largo de la vida. El lenguaje que hablamos, el Dios que adoramos, nuestras creencias, valores, principios morales, como jugamos e interactuamos con otros – todos estos elementos son parte de este complejo sistema operativo.

Pero el hardware y el software todavía no son suficientes para que la computadora funcione. Debe tener igualmente una fuente de energía. Si la fuente de energía tiene fallas, entonces pueden ocurrir problemas técnicos o cortos circuitos en el funcionamiento de la computadora. La fuente de energía para nuestro cerebro está en la sangre que trae los nutrientes y se lleva los desechos. Si alguna cosa interfiere en el flujo consistente y confiable de la sangre o si la sangre no está en condiciones saludables, entonces el funcionamiento del cerebro se ve afectado. Comprender este principio nos ayuda a reconocer los beneficios de un estilo de vida saludable.

Todos sabemos que las computadoras que compramos pueden tener problemas con el hardware, con el software o con ambos. La pregunta candente de debate en psiquiatría es si los problemas mentales son el resultado de problemas en el hardware (problemas genéticos o estructurales del cerebro) o problemas en el software (problemas en el sistema operativo, por ejemplo en lo que pensamos o en como lo pensamos) o en ambos.

Esta incertidumbre resulta aún más compleja al entrar en el campo de la religión y la espiritualidad. ¿Cuál es el rol que las creencias espirituales juegan en el funcionamiento de la mente? Tradicionalmente, los psiquiatras han considerado que las creencias religiosas son, en el mejor de los casos, estrategias anticuadas de afrontamiento y en el peor de los casos son un delirio de las masas.

Tales subvaloraciones de la religión fueron extremadamente frustrantes para mí ya que muchos de mis profesores atacaron persistentemente mis creencias religiosas. Sus comentarios sugerían que un individuo inteligente y estudiado no necesitaría aferrarse de supersticiones religiosas. Sin embargo, como un buen científico, yo no iba a permitir que la crítica de otros cerrara

## ¿PODRÍA SER TAN SIMPLE?

mi mente a un terreno de información con potencial, sin primero investigar la evidencia y sacar mi propia conclusión. Por lo tanto, mi residencia se convirtió no solo en un período de tiempo para estudiar psiquiatría, sino también un tiempo para una profunda introspección e investigación de mis convicciones religiosas de toda la vida.

Estoy extremadamente agradecido a mis profesores por no permitirme divulgar mis puntos de vista como verdad sin antes apoyarlos con evidencia y con el buen uso de la razón. Tal principio fue la clave para unificar muchas de las contradicciones que encontré en psiquiatría; en otras palabras, la clave para comprender la mente. Cuanto más estudiaba psiquiatría mientras explora simultáneamente la naturaleza espiritual de los seres humanos, más claramente pude ver un gran proyecto que era bello y armonioso.

Pero aun con el hecho de que yo estaba encontrando respuestas en áreas donde la psiquiatría tradicional temía entrar, la mayoría de mis profesores y muchos profesionales de la salud mental continuaron manteniendo la postura que sostiene que la creencia religiosa no pertenece a una práctica legítima de la psiquiatría – es decir que la comprensión científica ha eliminado la necesidad de Dios.

Muchos se aferran a la posición de Sigmund Freud, quien describió el hecho de creer en Dios como una "neurosis de la sociedad" y llamo a la comprensión intelectual a remover tal creencia[1]. Otros, quienes se identificaron a sí mismos como neuropsiquiatras, consideran la enfermedad mental como el resultado de un desbalance químico en el cerebro y afirman que el tratamiento apropiado es simplemente cuestión de encontrar las combinaciones apropiadas de medicamentos para restaurar la química cerebral. En otras palabras, algunas personas del área de la salud se enfocan exclusivamente en el "hardware" mientras ignoran el "software".

### ¿Importan Nuestras Creencias?

Con estas consideraciones mente, me di cuenta que el paso más razonable que debía tomar en mi camino era buscar las respuestas a muchas preguntas básicas como: ¿Importan nuestras creencias? ¿Pueden nuestras creencias realmente afectarnos? El tipo de "software" que tenemos, ¿puede realmente hacer una diferencia? ¿O simplemente todos somos genéticamente "programados" para ser como somos? ¿Podemos, al cambiar lo que pensamos o la forma en la que pensamos, afectar nuestra salud física y mental? A partir de estas preguntas empecé a buscar evidencias para responder a tales preguntas tan complejas.

Mientras que, por un lado, muy pocos psiquiatras han buscado la integración de la espiritualidad con la psiquiatría, la medicina general ha mostrado una apertura mayor hacia el enfoque en asuntos espirituales. Dentro de esta corriente, el Doctor Herbert Benson, de la Universidad de Harvard, y sus colegas recientemente realizaron un seminario diseñado para generar más atención sobre la importancia de la espiritualidad en la medicina. Los líderes del seminario tomaron el punto de vista que sostiene que la práctica de una forma específica de meditación puede ser benéfica para la salud física. Más importante aún, ellos enfatizaron que ciertas formas de espiritualidad, de hecho, mejoran la salud física.

### ¿Veneno de Cobra Para el Dolor de Pecho?

En su libro *Sanación sin límites: El poder y la biología de la creencia ("Timeless Healings: The power and Biology of Belief")*, el Dr. Benson documenta con sumo detalle los datos científicos que demuestran que lo que creemos puede influenciar significativamente nuestra salud física. En su libro, Benson describe cómo él y su colega, el Dr. David P. McCall Jr., documentaron una lista extensiva de varios tratamientos diseñados para aliviar la angina de pecho, el dolor de pecho asociado con un descenso de la circulación de la sangre al corazón.

En su investigación descubrió que, en un pasado cercano, los médicos habían tratado la angina de pecho con métodos poco convencionales (como la inyección de veneno de cobra) y cirugías innecesarias (como la extracción de la tiroides o partes del páncreas).

Aunque la comunidad médica no considera tales métodos como tratamientos que resulten en bienestar fisiológico, los Doctores Benson y McCallie identificaron algunos resultados extremadamente interesantes: tales métodos fueron efectivos entre un 70 – 90 por ciento en aquellos pacientes que creyeron que la intervención funcionaría. Cuando la ciencia eventualmente probó que tales tratamientos eran falsos, el índice de efectividad cayó a un 30 – 40 por ciento[2].

### ¿Pueden Nuestras Creencias Prevenir Las Náuseas, La Hinchazón, Las Erupciones o Sarpullidos y Los Ataques de Asma?

En su libro el Doctor Benson aborda además el efecto de lo que creemos en la salud física al referirse a la investigación del Doctor Steward Wolf sobre las náuseas refractarias durante el embarazo. Wolf monitoreó las contracciones del estómago colocando una bombilla en el estómago de cada mujer embarazada. A las mujeres en esta investigación se les dio un medicamento identificado como "la cura para la náusea", que en realidad era una jarabe – una sustancia que de hecho causa vomito. Sorprendentemente, todas las mujeres se mejoraron

## ¿PODRÍA SER TAN SIMPLE?

completamente de sus náuseas, su vómito y las contracciones de su estómago regresaron a una frecuencia normal (de acuerdo al registro de la bombilla)[3].

El doctor Benson cita otro estudio que examinó la hinchazón que ocurre posterior a la extracción de las muelas del juicio. Se tomaron dos grupos de pacientes seleccionados al azar, un grupo no recibió ningún tratamiento, mientras que el segundo grupo recibió un tratamiento placebo identificado como efectivo para reducir la hinchazón. El grupo del tratamiento placebo experimentó menor hinchazón, un 35 por ciento menos en comparación con el grupo que no recibió tratamiento.[4]

En otro estudio también aparecieron resultados sorprendentes; uno que involucraba niños japoneses que tenían reacciones alérgicas marcadas al árbol de Laque – una planta similar a la hiedra venenosa. Los investigadores pusieron una venda en los ojos de cada niño, seguidamente rozaron un brazo con una rama del árbol Laque y el otro brazo con una rama del árbol castaño. Los investigadores intencionalmente informaron a los niños que la rama de Laque era en realidad una rama del árbol castaño y que la rama del árbol castaño era una rama del árbol de Laque.

En cuestión de minutos aparecieron múltiples protuberancias rojas acompañadas de picazón y ardor, sobre el brazo en que cada niño creía que había sido tocado con la rama del árbol de Laque, pero que realmente fue tocado con la rama del árbol castaño. El otro brazo no tuvo ninguna reacción. Los científicos determinaron que la reacción dependía de una vulnerabilidad genética a la toxina, la cantidad de toxina presente y el efecto de la sugestión. Más importante aún, los investigadores concluyeron que en un 51 por ciento de los casos, el efecto de la sugestión fue más poderoso que los otros factores[5].

Un estudio de la Universidad de Londres llevado a cabo por N.R. Butler y Andrew Steptoe, tomó a un grupo de asmáticos que inhalaron lo que los investigadores llamaron un "bronco-constrictor", resultando en dificultad para respirar en un 100 por ciento de los pacientes. No tuvo el mismo efecto en aquellos individuos que primero fueron tratados con lo que los investigadores llamaron un poderoso "bronco-dilatador". En todos los casos, lo que los pacientes recibieron fue agua destilada.[6]

Estos y muchos otros experimentos similares demuestran que la mente ejerce un poder abrumador sobre el cuerpo y que lo que creemos puede dar lugar a padecimientos físicos o puede sanar el cuerpo. El "software", sí afecta al "hardware". Lo que pensamos tiene un poderoso impacto en nuestros cuerpos.

La investigación del Doctor Benson se enfocó en la manera en que las creencias del paciente influenciaban físicamente el cuerpo. Pero sus investigaciones no exploraron los efectos que nuestras creencias tienen sobre la mente misma. Como resultado de esto, surgen un par de preguntas que no se pueden evitar: ¿Pueden nuestras creencias afectar nuestra salud mental? Y aún más importante, ¿pueden nuestras creencias espirituales alterar nuestra salud mental?

### ¡Los asuntos espirituales si importan!

Numerosas experiencias me han convencido del papel importante que juegan las creencias espirituales en toda nuestra salud mental. Una de las experiencias más claras y conmovedoras ocurrió durante mi servicio como psiquiatra de la 3ra división de infantería (mecanizada), localizada en el Fuerte Stewart en Georgia (EEUU).

Durante el otoño de 1990, los Estados Unidos y muchos otros aliados habían reunido fuerzas en el medio oriente para prepararse para una inevitable respuesta a la invasión de Kuwait por parte de las fuerzas Iraquíes de Saddam Hussein. En Febrero de 1991 el ataque anticipado de las fuerzas iraquíes en Kuwait parecía inminente.

Debido a que los expertos militares estaban convencidos que Irak emplearía su arsenal de armas químicas y biológicas, ellos habían predicho que habría alrededor de 80.000 bajas en el ejército de los Estados Unidos durante esta campaña militar. El presidente George Bush le había dado a Irak un ultimátum para retirarse de Kuwait, y mientras las horas para realizar la invasión llegaban, la tensión aumentaba.

Como comandante de un tanque de batalla Abram M1A1, el sargento García dirigía uno de los vehículos militares más poderosos en el mundo y fue asignado a una de las divisiones armadas que se preparaban para invadir a Irak. Mientras que sus habilidades militares le habían hecho acreedor de un gran respeto dentro de sus compañeros, sus fuertes creencias cristianas le habían dado en todo su batallón la reputación de un ser un hombre de Dios.

Ya en la preparación final para la invasión, el sargento García le pidió al capellán de su batallón un recipiente con aceite sagrado para ungir su tanque. Usando este aceite, el sargento García hizo una serie de pequeñas cruces alrededor del casco del vehículo, y se dedicó a sí mismo, a sus hombres y su tanque a Dios. Dentro de sus oraciones le pidió a Dios no solo que lo protegiera a él y a sus hombres al acercase la batalla, sino que también pidió para que Él pudiera usarlo de una manera poderosa.

Poco después, el comandante de la compañía del sargento García descubrió que su radio no estaba funcionando. Debido a que era absolutamente necesario que el comandante de la compañía tuviera una radio que funcionara correctamente – para recibir órdenes del comandante

## ¿PODRÍA SER TAN SIMPLE?

del batallón, así como para dirigir las unidades en su compañía – él le ordeno al sargento García entregar su radio. Al darse cuenta que estaría prácticamente sordo en el campo de batalla y mucho más vulnerable, el sargento intentó rehusarse a obedecer la orden. El sargento García fue entonces amenazado con arresto y corte marcial si no obedecía la orden así que, a regañadientes, entregó su radio al comandante de su compañía.

Complicaciones aún mayores salieron a flote cuando llegó la noche y los soldados montaron sus vehículos para iniciar la invasión, y el sargento García descubrió que su equipo de visión nocturna había dejado de funcionar. Alarmando por el hecho de que él y los hombres de su tanque estarían sordos y ciegos en el campo de batalla, el sargento García rápidamente pidió permiso para retirarse de la batalla. Sus superiores negaron su solicitud. Su argumento fue quc aunque el tanque del sargento García no podía disparar con precisión, al no poder distinguir entre amigo y enemigo, aún estaba en capacidad de alejar el fuego enemigo de aquellos tanques que todavía si podían localizar sus objetivos para disparar.

Casi inmediatamente después de que la invasión comenzó, la compañía del sargento García enfrento al enemigo y se encontraron en un fuego cruzado desde muchos blancos: tanque, morteros, artillería y disparos desde helicópteros. La noche fue iluminada por una explosión de bombas; se oían ruidos estruendosos, vehículos y gritos de soldados que resultaban heridos. Muchas unidades en la compañía de García recibieron disparos. Toda la tripulación tuvo temor de que la muerte era inminente.

Cuatro años más tarde después de su servicio en la Operación Tormenta del Desierto, el Sargento García vino a mi oficina buscando ayuda por una variedad de problemas: pesadillas, memorias recurrentes, ansiedad, dificultad para dormir, problemas en el trabajo, tensión, imposibilidad para concentrarse, irritabilidad y depresión. Durante el curso de muchas sesiones, llegué a conocer muy bien al Sargento García – conocí lo que era importante en su vida, que lo motivaba a actuar y cómo las experiencias en la Operación Tormenta del Desierto lo habían afectado. El tema central en su conflicto personal era creer que Dios lo había defraudado. En la cuarta sesión me sentí lo suficientemente seguro para presentar una serie de declaraciones que creo que resumieron su experiencia en la Operación Tormenta del Desierto y que fueron esenciales para sobreponerse al trauma de su experiencia de guerra no resuelto.

*"Tú eras un Cristiano. Tú hiciste una muestra pública de tu cristiandad. Marcaste con cruces de aceite todo el exterior tu tanque y dedicaste a tus hombres y a ti mismo a Dios. Fuiste a la batalla ciego y sordo. Y cuando tu compañía fue atacada, muchas*

## EL PODER DE LO QUE CREEMOS

*otras unidades fueron alcanzadas por el fuego pero ni una bala, proyectil, o esquirla daño tu tanque"*

Después de que él aceptara que cada afirmación era cierta, yo concluí, "Tu experiencia en la Operación Tormenta del Desierto me recuerda a la experiencia de Daniel en el foso de los leones."

El hombre abrió los ojos sorprendido y quedó boquiabierto; enseguida comprendió lo que había sucedido. Escondió la cabeza entre en sus manos y empezó a llorar por varios minutos. Cuando se fue de mi oficina ese día, se llevó consigo una nueva forma de ver la vida.

Poco después, cuando volví a contactarlo para hacer un seguimiento, el señor García me informó que su actitud hacia la vida había mejorado tanto que no veía la necesidad de volver a verme. Un año y medio más tarde, él por su propia iniciativa compartió conmigo los progresos que había tenido. Ya no tenía pesadillas ni memorias recurrentes, su sueño volvió a ser normal, la ansiedad y depresión se habían eliminado y ya no tenía necesidad de usar los medicamentos que antes tomaba. Luego de recibir un retiro honorable del servicio militar, completó su título en educación y empezó su nueva carrera enseñando en un colegio secundario. La relación con su esposa llego a ser más fuerte que nunca antes, y ahora él era un líder en su iglesia.

¿Qué fue lo que hizo la diferencia? El sargento García había creído una mentira. Él había concluido que Dios no había respondido su oración, pensaba que el Señor lo había abandonado. Ahora se había dado cuenta de la verdad – que Dios había respondido milagrosamente su oración. Fue el cambio en sus creencias lo que dio como resultado su recuperación.[7]

*¡Los asuntos espirituales sí importan!* Ellos son una parte integral de nuestra experiencia, y deben ser incluidos en nuestro entendimiento y en nuestros tratamientos.

---

Foto note PAGE 15:

[1] *"Nuestro conocimiento del valor histórico de ciertas doctrinas religiosas aumenta nuestro respeto por ellas, pero no invalida nuestra propuesta de que dejen de ser presentadas como las razones de los preceptos de la civilización. ¡Por el contrario! Aquellos residuos históricos nos han ayudado a ver las enseñanzas religiosas, por así decirlo, como reliquias neuróticas, y ahora podemos afirmar que probablemente ha llegado el momento, como lo hace un tratamiento analítico, para la sustitución de los efectos de la represión por parte de los resultados del funcionamiento racional del intelecto"* (Sigmund Freud, ElFuturo o fan Ilusión [1927], Capítulo. 8; reimpreso en trabajo completo, eds. James Strachey y Anna Freud [1961], vol. 21). Dos párrafos antes Freud se refiere a la religión como la "neurosis obsesiva universal de la humanidad", que "como la neurosis obsesiva de los niños… surge a partir del complejo de Edipo", aunque él nunca llego a usar la frase ha sido citada frecuentemente en antologías - *"La religión es comparable con la neurosis infantil"* (Citada por El Diccionario de Columbia [Columbia Universidad Pres, 1998])

[2] Herbert Benson, *Timeless Healing: The power and Biology of Belief* (New York: Scribner, 1996), p. 30.

## ¿PODRÍA SER TAN SIMPLE?

[3] Ibid., P. 3
[4] Ibid., p, 33
[5] Ibid., p, 59
[6] Ibid., p, 54
[7] Los medicamentos no cambian las creencias. Sin embargo pueden aliviar determinado/s síntoma/s. Las ilusiones o delirios son por definición creencias falsas establecidas, y el uso de medicamentos puede dar como resultado un cambio en aquellas personas que sufren de ilusiones/delirios. ¿Cómo puede suceder esto si los medicamentos mismos no pueden alterar nuestras creencias? Las personas que sufren de engaños han perdido la habilidad de razonar correctamente y de percibir la realidad con precisión. Los medicamentos funcionan en la recuperación de la capacidad de la persona para razonar o percibir la realidad con precisión, y es entonces cuando la persona es capaz de evaluar los hechos y evidencia y, con el uso del poder de su propio razonamiento, entonces es capaz de cambiar sus creencias defectuosas (ilusiones/delirios) por nuevas creencias basadas en la realidad.

### Capítulo 2

# La Jerarquía de la Mente

Mientras más pacientes veía con los mismos síntomas presentados por la paciente de mi primera guardia y el Sargento García, más interesado llegué a estar en encontrar un modelo para abordar la mente que ofreciera respuestas reales a las personas comunes. Con esto en mente intensifiqué mi investigación sobre la mente, sus facultades, y la naturaleza espiritual de la humanidad. Lo que descubrí fue algo emocionante, con poder de cambiar la vida de muchos.

Dios es un Dios de orden. Cuando Él crea algo no lo hace en medio del caos, sino ordenadamente, de una manera organizada. Cuando Dios hizo a los seres humanos, diseñó su cerebro para que funcionara de cierta manera. En este capítulo vamos a explorar la estructura organizacional del nuestro cerebro. Comprender su jerarquía nos permitirá tomar decisiones inteligentes para su proceso de curación.

### Las Facultades Más Elevadas

Las facultades más elevadas que poseemos son aquellas que reflejan más directamente la imagen de Dios, a las que muchos cristianos se refieren como la "naturaleza espiritual" y que Dios tuvo la intención de que nos gobernaran. La naturaleza espiritual no es una entidad etérea, mística y vaporosa que entra y sale del cuerpo. Consiste en aquellas cualidades y habilidades que nos hacen más semejantes a Dios, más a parecidos su imagen. Estos son los rasgos que nos separan de los animales y que nos hacen responsables ante Dios de lo que hacemos.

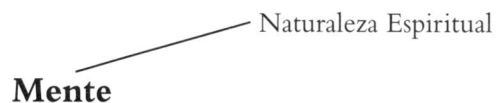

**Mente**

¿PODRÍA SER TAN SIMPLE?

### La Habilidad Para Razonar

La más alta facultad de nuestra mente es la habilidad para *razonar* – para pensar, para pesar la evidencia y entonces sacar una conclusión. Ella nos permite contemplar y entender.

Loli, la perra de mi vecino, es la mascota tradicional llena de energía, siempre buscando que se le consienta y siempre queriendo complacer a su amo. Sin embargo, Daisy tiene un problema. Ella frecuentemente va por el vecindario recogiendo lo que sea que encuentre – palos, basura, zapatos viejos – y los deposita a la entrada de la casa de mi vecino.

Si mi vecino está en su patio cuando la perra viene a casa con su último tesoro encontrado, deja su regalo a sus pies y lo mira con sus grandes ojos cafés, moviendo la cola feliz y buscando ser consentida. Loli no entiende que lo que ha hecho no complace a su dueño, sino que por el contrario le molesta. Mi vecino no puede explicárselo. Los animales no pueden razonar.

Los humanos, por otra parte, poseen la habilidad de razonar, y esta es la más alta de todas las facultades mentales.

### Dios Diseñó La Conciencia

Dado que los humanos no poseen un conocimiento infinito, la razón por sí sola no es suficiente para tomar decisiones apropiadas o para discriminar. Por esto, Dios creó la conciencia como una ayuda que trabajaría en conjunto con la razón.

La conciencia es el ojo espiritual (ver Mateo 6:22). Es la facultad por medio de la cual el Espíritu de Dios se comunica directamente con nosotros, es la facultad que "escucha" la voz de Dios hablando suavemente (ver 1 Reyes 19:12). Cuando algunos cristianos dicen, "El Espíritu hablo a mi mente," se refieren a la conciencia. Es apropiado que recordemos, sin embargo, que así como nuestro ojo físico se puede enfermar, así mismo puede pasar con la conciencia.

Un dermatólogo amigo tiene un estudio bíblico semanal en su oficina. En cierta ocasión, justo antes de iniciar una reunión a las 6:00 p.m., Joel, uno de los miembros de su grupo, llegó a la reunión sin su esposa. Él explicó que su perro ciego de 15 años de edad se había perdido. Su esposa se había quedado en la casa para buscar al perro, y Joel tenía que ir al

## LA JERARQUÍA DE LA MENTE

estudio bíblico para pedirles a los miembros del grupo que oraran para que pronto encontraran al animal sano y salvo.

Después de que el grupo oró, Joel se fue para continuar la búsqueda de su mascota. Poco tiempo después - aproximadamente a las 6:30 p.m. - Jeremías, otro miembro del grupo, interrumpió el estudio bíblico para decir que él había sido impresionado con una visión del perro de Joel en el bosque, y que Joel lo había encontrado. Jeremías le contó al grupo que sus oraciones habían sido respondidas y que el animal había sido encontrado sano y salvo. Asombrosamente, a las 7:00 p.m. Joel llamó para informar que él y su esposa habían localizado su mascota en el bosque detrás de su casa exactamente a las 6:30 p.m. ¿Cómo pudo saber Jeremías donde estaba el perro?

Dios puede hablar directamente a la mente, ya sea audiblemente o por medio de impresiones. La avenida por medio de la cual nosotros escuchamos sus mensajes puede ser por medio de nuestras neuronas auditivas, si la voz es audible, o por medio de la conciencia, si es una impresión mental.

La conciencia es una facultad mental específica algunas veces referida como el ojo espiritual. Así como el ojo espiritual puede convertir la luz en una energía neuronal y transmitir la información al cerebro, la conciencia transmite impresiones espirituales al cerebro para nuestro entendimiento. Recuerde que el ojo físico puede estar enfermo y por ese motivo ver cosas borrosas o inclusive ver cosas que realmente no existen. De manera similar, la conciencia puede llegar a estar enferma, causando que las personas experimenten impresiones distorsionadas o inclusive totalmente imaginarias.

Inicialmente, la información que llega a la mente por medio de la conciencia no tiene mayor valor que la información que nos está llegando por cualquier otra avenida. Nuestro poder de razonar debe evaluar esta información para determinar si la impresión o voz proviene de Dios, o es un engaño. Por lo tanto, podemos ser impresionados con algún mensaje o idea, pero tal impresión o idea no es evidencia en sí misma. Solo tendrá validez cuando la razón lo evalúe y encuentre evidencia que lo apoye.

Dios diseñó la razón y la conciencia para trabajar en armonía la una con la otra para un adecuado discernimiento y discriminación, como así también, para tomar decisiones válidas. Cuando la razón funciona sola, sin la conciencia, uno puede desarrollar teorías (como el evolucionismo o el Marxismo) que pueden tener la apariencia de sabiduría pero niegan la existencia de Dios y los principios de su gobierno.

La razón trabajando sin la conciencia también puede racionalizar comportamientos perjudiciales con el fin de evitar la responsabilidad y

## ¿PODRÍA SER TAN SIMPLE?

una acción correctiva. Muchos criminales usan sus habilidades racionales para cometer crímenes y para evadir su captura, pero eso puede ocurrir solamente cuando la conciencia no es saludable o está inactiva. Para tomar decisiones apropiadas, la razón debe tener la mano contenedora de la conciencia para que la restrinja.

Mahatma Gandhi, político Hindú y líder espiritual, afirmó que "atribuir omnipotencia a la razón es tan deplorable como adorar un ídolo de madera y piedra creyendo que es Dios. No abogo por la supresión de la razón sino por un debido reconocimiento de aquello que está dentro de nosotros y que santifica a la razón misma".

Lo que santifica la razón, es la influencia de Dios trabajando a través de nuestra conciencia y a través de la revelación de la verdad. La conciencia sola, sin embargo, no puede ser usada como guía única sin ser balanceada con la razón. Cuando la conciencia guía nuestras decisiones independientemente de la razón, entonces uno puede terminar prendiéndose fuego como paso en Waco con la secta de los Davidianos, o puede terminar tomando cianuro como paso en Jonestown, o puede llegar a estrellar aviones en edificios. Después de todo, actos como quemarse con David Koresh y la secta de los Davidianos, cometer suicidio colectivo con Jim Jones y la secta Puerta del Cielo o convertir un avión de pasajeros en bombas suicidas – ¿no son acciones guiadas por la conciencia? ¿Pero qué hay de la razón?

El filósofo alemán Friedrich Nietzsche afirmó:

"Repito una y otra vez la misma experiencia, e igualmente siempre me resisto de nuevo a ella, y no lo quiero creer, aunque se puede tocar con la mano: la gran mayoría de las personas carece de conciencia intelectual; incluso, con frecuencia me ha parecido que al exigirla en las ciudades más numerosas se estuviese igual de solo que en el desierto".[2]

**La Tragedia De Una Conciencia Irracional**

Recientemente tuve un trágico recordatorio del daño que puede ocurrir cuando la conciencia trabaja sin el equilibrio de la razón. Carlos era un profesor jubilado de 69 años de edad que pertenecía a una denominación cristiana conservadora. Él se había retirado recientemente luego de una carrera exitosa como profesor de historia por más de 35 años en una universidad privada.

Carlos vivía un estilo de vida extremadamente conservador y se adhería estrictamente a una serie de reglas rígidas. Carlos seguía una dieta vegetariana, no consumía alcohol ni tabaco y hacía ejercicio regularmente. Sin embargo Carlos y su esposa también creían que era pecado tomar medicamentos – en especial, medicamentos psiquiátricos. Ellos estaban convencidos de que tales sustancias podrían dañar el cerebro.

En el otoño de 2000, Carlos se deprimió severamente. Perdió el contacto con la realidad y empezó a escuchar voces, se volvió paranoico y creía que era observado por otros. Eventualmente perdió su habilidad para interactuar apropiadamente con aquellos que le rodeaban. Carlos y su esposa no sabían qué hacer. Claramente él estaba enfermo, pero no tenían ninguna idea sobre cómo tratar su problema sin usar medicamentos.

Desesperados buscaron ayuda, y finalmente encontraron una institución alejada con médicos que también compartían su creencia de que los medicamentos psiquiátricos dañarían su cerebro. Fieles a esta creencia, ellos lo trataron con "remedios naturales" – hierbas, hidroterapia y oración.

Desafortunadamente Carlos continuó empeorando y pronto se volvió incoherente, arrastrándose por el piso. Perdió el control de sus intestinos y vejiga y empezó a manchar paredes con sus heces. Se volvió gravemente psicótico, inconsolable y agitado. Dado que no comía ningún alimento, perdió peso hasta el punto de estar al borde de la muerte.

Cuando Carlos llego a pesar 37.5 kilos (su estatura es de 1.52 m) los médicos de la institución le colocaron un tubo en la pared del abdomen conectando directamente al estómago, y lo empezaron a alimentar manualmente. Su peso tuvo una leve mejoría, pero su depresión, paranoia y pensamiento irracional persistían. Carlos recibió ocho meses de este "tratamiento natural" que no produjo ninguna mejoría, luego del cual, en una total desesperación, su esposa trajo a Carlos a mi oficina.

El hombre estaba en un estado lamentable. Su piel colgaba suelta de sus mejillas y sus ojos se habían hundido profundamente en su rostro. A Carlos le era doloroso sentarse – sus huesos casi se salían por la piel. Seguía gravemente deprimido y continuaba en estado psicótico. Su esposa sin embargo insistía que su esposo no debería recibir absolutamente ningún medicamento aún si eso lo llevara a la muerte.

Por más de una hora traté de razonar con la pareja, explicándoles la evidencia científica que muestra que la psicosis causa daño al cerebro y que entre más tiempo permaneciera psicótico más difícil sería realizar un tratamiento con éxito. Revisé con ellos la historia de las dificultades de Carlos para responder a los remedios naturales y la historia de cómo los remedios naturales no funcionaron para mejorar las enfermedades mentales en el siglo diecinueve.

En mi esfuerzo por alejarlos de los "remedios naturales" les explique la actividad molecular de los nuevos medicamentos y sus efectos específicos en el cerebro. Les informé sobre los efectos benéficos que se esperaban del tratamiento al igual que los efectos secundarios. Así y todo, ellos no cedieron es su punto de vista.

En un último esfuerzo, les hice pensar en los resultados que 8 meses de "remedios naturales" habían tenido en Carlos. Él estaba muy cerca de la muerte. En su mente, sin embargo, ellos consideraban que era mejor dejarlo morir que tratarlo con medicamentos, aun si los medicamentos lograban restaurar su salud. La situación era muy triste. Esta pareja conscientemente buscó hacer lo que ellos pensaban que era correcto, *pero al no utilizar los poderes de la razón, sus elecciones terminaron haciendo un gran daño.*

Las mejores decisiones, las decisiones buenas y saludables, se toman solo cuando la razón y la conciencia trabajan juntas, en armonía y balance la una con la otra. Juntas, las facultades de la razón y la conciencia comprenden lo que se conoce como nuestro juicio. Cuando hay una disfunción ya sea de la razón o de la conciencia los resultados son un juicio alterado, de modo tal que entre más sanas llegan a ser nuestra razón y nuestra conciencia mejor será nuestro juicio.

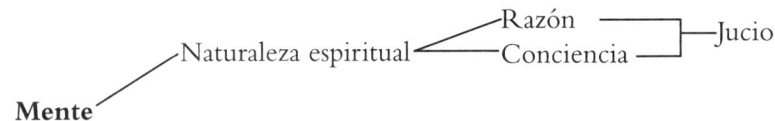

**Mente** → Naturaleza espiritual → Razón / Conciencia → Juicio

### Todos Adoramos Algo

La última facultad que completa nuestra naturaleza espiritual es un deseo innato de adoración. Es una parte inherente de nuestro ser y todos lo experimentamos, ya sea que lo admitamos o no. Tal vez no sea Dios, sino que podría ser un equipo de fútbol, el dinero, el poder, algún cantante famoso, el método científico o uno mismo. Pero todos adoramos algo. Algunos lo llaman la búsqueda de sentido o propósito – un mirar hacia el exterior de uno mismo buscando un marco de orientación, algo que le dé a la vida un enfoque, un significado, un propósito y un mayor entendimiento.

En su libro Camino a la Sabiduría, Karl Jasper resume la situación de esta manera:

"Aquello a lo que te aferras, sobre lo cual basas tu existencia, eso es realmente tu Dios." 4 Richard Creel presenta un concepto similar en *Religión Y Dudas*: "El Dios de una persona es aquello que domina su vida, dándole unidad, dirección e inspiración, ya sea que la persona se dé cuenta o no".

La pregunta no es si adoramos algo, si no ¿a qué estamos adorando?

### Al Contemplar Somos Transformados

## LA JERARQUÍA DE LA MENTE

El Cristianismo nos enseña que no debemos enfocarnos en nosotros mismos sino en Cristo. ¿Por qué es que Dios dice, "adórame"? ¿Acaso es Dios inseguro? ¿Sera que Él necesita nuestra aprobación y aceptación? ¿Importa realmente cuál es nuestro objeto de adoración?

Dios nos dice "adórame" porque nosotros nos adaptamos a las cosas que admiramos y nos dedicamos a las cosas que idealizamos. La psiquiatría llama a esto Modelamiento, y en la Biblia esto es la Ley de Adoración; al contemplar somos transformados. Nuestro carácter llega a ser transformado reflejando aquello que reverenciamos (2 Corintios 3:18).

Entre los muchos dioses que adoraban en el antiguo Egipto, estaba la rana. Imagina tu familia reunida en las noches para adorar el ídolo de una pequeña rana de oro. *"Querido Señor rana….."* ¿Podría esto ayudar a la mente a crecer y expandirse para conseguir niveles más altos de desarrollo?

No tenemos que ir al antiguo Egipto para descubrir ejemplos de adoración sorprendentes. Por ejemplo, podemos visitar la India moderna y encontrar una secta del hinduismo que adora a las ratas. Esta secta tiene templos dedicados para honrar a las ratas. Los templos tienen grandes ídolos de ratas y por supuesto los templos están infestados de ratas.

Como parte de su adoración, los miembros de la secta traen granos para alimentar a las ratas que infestan los templos. Mientras nosotros preferiríamos evitar el riesgo de entrar en contacto con estas criaturas, esta secta considera que es de gran bendición ser mordidos por una rata. Tan fuerte es su dedicación que los miembros de esta secta oran para poder reencarnarse en forma de una rata al morir. Piensa en esto: seres creados a la imagen de Dios, con individualidad, con el poder para pensar y actuar (Salmos 115:5-8; Romanos 1:21-32), que tienen como su objetivo más grande llegar a convertirse en una rata.

¿Porque Dios nos pide que lo adoremos? Lo hace porque Él es el único que podemos adorar que no nos llevara hacia la degeneración. Nosotros, como humanos, estamos en el lugar más alto de la creación. Por lo tanto, nuestro planeta no tiene nada que podamos adorar y que nos ayude a crecer y desarrollarnos más. Adorar cualquier cosa en este mundo, simplemente nos llevara a nuestra propia degradación.

Por este motivo, la elección de qué o a quién adoramos tendrá una gran influencia en el desarrollo de las facultades mentales. Dado que el dios al que servimos afecta directamente el funcionamiento de la razón y la conciencia, es esencial practicar formas saludables de adoración. Una adoración sana ennoblece y fortalece nuestra razón y nuestra conciencia, mientras que las formas inapropiadas de adoración las disminuyen y debilitan.

## ¿PODRÍA SER TAN SIMPLE?

Nuestra naturaleza espiritual, por lo tanto, está compuesta de la razón, la conciencia y la adoración – que son las facultades más elevadas de nuestra mente. Nuestra naturaleza espiritual dirige el funcionamiento de todos los otros aspectos de nuestra mente.

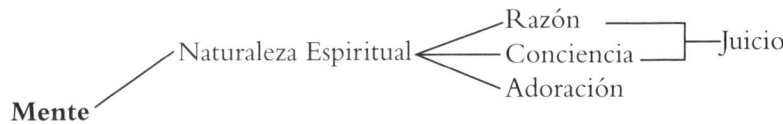

### La Voluntad

Dios diseñó la voluntad – la siguiente facultad de la mente –para funcionar bajo la dirección de la razón y la conciencia. La voluntad es el centro de acción de la mente (el gobernador o el agente ejecutor), es la parte de la mente que elige. El plan de Dios para el funcionamiento de la mente era que la voluntad estuviera bajo la dirección de la razón y la conciencia, pero los seres humanos no siempre siguen esta jerarquía establecida por Dios.

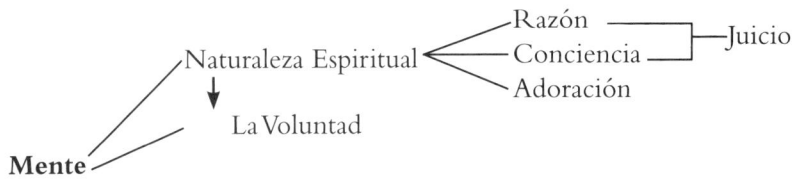

Piensa por un momento en el ejemplo de los fumadores que pueden mencionar una larga lista de razones por las cuales fumar es peligroso: incrementa el riesgo de cáncer pulmonar, ataque al corazón, ACV y enfisema, la posibilidad de causar daño a la salud de los niños, olor desagradable, y gastos inconvenientes. Su conciencia puede convencerlos para que dejen de fumar. Ellos pueden inclusive llegar a decirle a sus amigos: "Me hubiera gustado nunca haber iniciado el vicio del cigarrillo", pero si ellos no involucran su voluntad y escogen deshacerse de sus cigarrillos y dejar de fumar, seguirán fumando.

Aunque Dios diseñó la voluntad para que funcionara bajo la dirección de nuestra naturaleza espiritual, en la realidad no siempre sucede así. Cuando las personas ejercitan su voluntad para escoger de una manera que violan lo que la razón y la conciencia les dice, algo se daña interiormente, intranquilidad y ansiedad se apodera de ellos. Pero cuando la voluntad sigue la dirección de la razón y la conciencia, entonces, aunque en un principio pueda que no se sienta placentero, con el pasar del tiempo sobreviene una paz interna, se desarrolla la confianza, la mente es sanada y resulta en felicidad. Exploraremos este aspecto con más detalle en otros capítulos más adelante.

### Los Pensamientos

La siguiente facultad de la mente son los pensamientos, los cuales están subordinados a la naturaleza espiritual y a la voluntad. Estos pensamientos incluyen todas las cosas triviales en las que pensamos todos los días pero más específicamente incluye nuestras creencias, valores, conceptos morales y la imaginación.

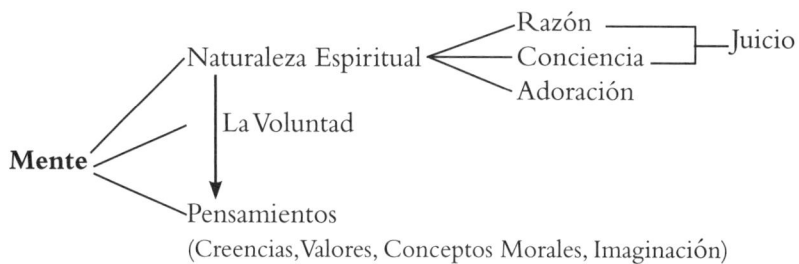

Al ver este esquema algunos inmediatamente lo objetan diciendo, "Yo siempre he sido instruido de que mis valores y conceptos morales debieran gobernar mi vida y dirigir mis acciones. ¿No deberían estar en la parte superior?" Yo simplemente destaco el hecho de que la razón puede modificar nuestras creencias, valores y conceptos morales y que la voluntad puede anularlos. ¿Pueden aquellos que no creen en Dios, cuando se les presenta la nueva evidencia sobre la verdad de Dios, razonar por medio de los nuevos hechos y cambiar sus creencias? ¡Claro que sí! ¿Y puede una persona ejercer su voluntad y escoger hacer actividades que violan sus propias creencias, valores y conceptos morales? De nuevo, la respuesta obvia. La imaginación también está sujeta al escrutinio y al gobierno de la razón, la conciencia y la voluntad.

Lo que he descrito en el párrafo se aplica a personas maduras –aquellos que tienen la capacidad de razonar. Pero para los niños y aquellos cuya habilidad para razonar no se ha desarrollado completamente, las creencias entran en la mente y se establecen en el sistema operativo mental sin una evaluación rigurosa de los fundamentos de aquello en lo que se cree. De hecho, todos nosotros llegamos a la edad adulta con creencias, valores y

¿PODRÍA SER TAN SIMPLE?

conceptos morales que necesitan ser modificados. Como adultos tenemos la responsabilidad de evaluarlos por nosotros mismos y mantener todos aquellos que son saludables, que están apoyados por hechos y por la verdad, y debemos descartar o cambiar aquellos que son el residuo de nuestra forma infantil de pensar. Pablo lo afirmo elocuentemente: "Cuando yo era niño, hablaba como niño, pensaba como niño, razonaba como niño; más cuando ya fui hombre, dejé lo que era de niño" (1 de Corintios 13:11)

**Los Sentimientos**

La última facultad de la mente, la cual Dios diseñó para que se subordinara a todas las otras, son los *sentimientos*. Estos incluyen el espectro completo de emociones que todos conocemos: tristeza, enojo, alegría, felicidad y todo el resto. Pero dos tipos particulares de sentimientos merecen especial atención: el deseo de relacionarnos con otros y nuestros afectos.

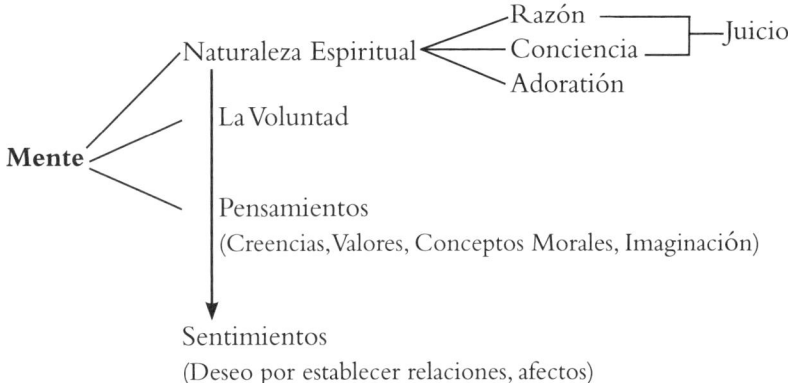

**El deseo de Relacionarnos Con Los Demás**

Primero que nada, Dios nos creó con un deseo innato de *relacionarnos con los demás*. Todos buscamos a alguien especial para amar y ser amado, alguien con quien compartir y que comparta con nosotros, todos buscamos establecer relaciones. Tal deseo por establecer relaciones esta biológicamente programado en todo nuestro ser. Nuestro creador lo hizo parte de nuestra naturaleza.

Algunas personas se oponen a que esta parte de nuestra mente esté ubicada con los sentimientos en vez de estar incluidos dentro de nuestra naturaleza espiritual. Ellos destacan que Dios es un ser que se interesa en las relaciones, y afirman que los seres humanos, creados a la imagen de Dios, también son seres relacionales. Empezando con la primera afirmación, ellos concluyen que deberíamos incluir este aspecto de nuestra mente dentro de nuestra naturaleza espiritual.

Pero es importante reconocer que toda la naturaleza revela algo sobre Dios (Romanos 1:20), y como todos los que hemos tenido una mascota podemos entender, los animales, además de los humanos, también son seres que se relacionan. Por lo tanto, aunque ese rasgo demuestra una parte del carácter de Dios, el deseo por establecer relaciones no nos distingue de los animales así que no debemos considerarlo como una parte de nuestra naturaleza espiritual.

En cambio deberíamos mantener el deseo de establecer relaciones subordinadas a la razón, la conciencia y la voluntad, evaluando, con estas facultades de mayor jerarquía, los hechos, las circunstancias y las evidencias de una posible relación y entonces permitir o rechazar la posibilidad de que ella suceda. De hecho, sin la naturaleza espiritual para gobernar el deseo de establecer relaciones, los seres humanos llegarían a ser como "animales que no tienen entendimiento, viven solo por instinto"–siendo guiados simplemente por la pasión y la sensualidad (2 Pedro 2:12, DHH).

### Nuestros Afectos

El segundo sentimiento importante por identificar son nuestros *afectos*. Ellos son nuestros apegos emocionales, los sentimientos que desarrollamos por la gente y por las cosas.

Imagine que usted ha acabado de comprar un automóvil nuevo BMW. Ansioso por mostrárselo a sus amigos, usted va al lugar de trabajo de ellos. Corre para buscarlos y cuando sale ve un automóvil idéntico al suyo, con la excepción de que el otro automóvil tiene un gran rayón en la puerta delantera. ¿Cómo reaccionaría usted? Tal vez diría: "Oh, qué lástima" y regresaría rápidamente a la emoción de mostrar su nueva adquisición.

¿Pero qué tal si al salir se da cuenta que es su automóvil el que tiene ese gran rayón? ¿Reaccionaría diferente? Este es un ejemplo de nuestros afectos, es a lo que la Biblia se refiere cuando menciona "guardar el corazón". Tenga mucho cuidado con lo que se apega. Cuando Pablo escribe sobre la circuncisión del corazón por el Espíritu Santo, él nos insta a que cortemos cualquier apego perjudicial, y que fortalezcamos aquellos apegos que son beneficiosos (Romanos 2:29).

### La Armonía Original

Dios diseñó la mente para que funcione en perfecto balance, beneficiándose de la comunicación cara a cara con Él. Mientras Adán pasara tiempo con Dios no solamente tomaría decisiones inteligentes para seguir la voluntad de Dios sino que por medio de la ley de la adoración cada aspecto de su mente sería permeado

## ¿PODRÍA SER TAN SIMPLE?

y modelado por el carácter divino. Con Su mente fue diseñada para tener a Dios como foco central, y para funcionar con la razón y la conciencia evaluando los hechos, circunstancias y evidencia para determinar cuál acción, curso o conclusión sería la más apropiada. Entonces su razón y conciencia determinarían el mejor curso de acción para ser ejecutado por la voluntad. También seleccionaría qué creencias, valores y conceptos morales internalizaría y practicaría, como usaría su imaginación, que apegos haría, como se relacionaría con Dios y con otros y de ahí que carácter formaría. Desafortunadamente, Adán ejerció su voluntad de manera deficiente, vamos a explorar las consecuencias de su elección en capítulos posteriores.

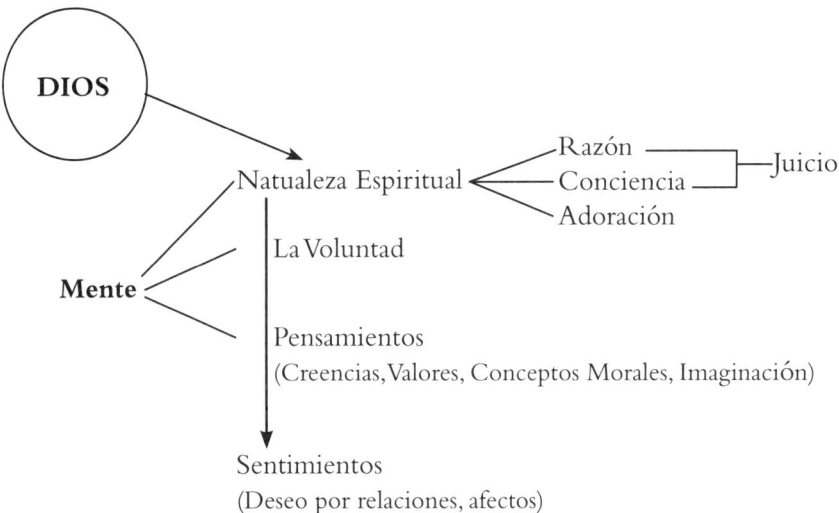

**Figura 1. La Mente Antes del Pecado**

El modelo anterior presenta las facultades originales de la mente, su jerarquía organizacional y como se relacionan la una con la otra. Desafortunadamente algo salió muy mal. Hoy en día, muy pocas mentes humanas funcionan con la armonía original que Dios planeó. La mente está infectada con elementos destructivos que interfieren con su función naturalmente armónica y benéfica. En el siguiente capítulo descubriremos el elemento destructivo que deforma nuestras mentes y empezaremos a explorar como eliminarlo.

---

*Pié de Página:*
[1]*Mohandas Ghandi (1869-1948), en Young India Oct, 14, 1924, Citado en The Columbia Dictionary of Quotations.*

## LA JERARQUÍA DE LA MENTE

[2] *Friedrich Nietzsche (1844-1900), The Gay Science, rev, Ed (1887), en The Columbia Dictionary of Quotations.*
[3] *Tres años después de que Carlos dejó mi oficina, el médico quien le sugirió verme, me contó el resto de la historia. Carlos regresó al lugar donde había estado recibiendo sus tratamientos con "remedios naturales" y continúo su "tratamiento" sin ninguna mejoría por tres meses. Fue entonces cuando el hijo de Carlos, quien vivía afuera de los Estados Unidos, descubrió lo que estaba pasando e inmediatamente viajó a los Estados Unidos y llevo a su padre al psiquiatra, quien le prescribió medicamentos antidepresivos. Seis semanas después de empezar este tratamiento, la depresión de Carlos desapareció por completo. Su apetito volvió a ser normal, empezó a ganar peso, sus pensamientos se aclararon y volvió a ser capaz de cuidarse a sí mismo. Incluso después de varios meses empezó a enseñar en un trabajo de medio tiempo.*
[4] *Karl Jasper, Way to Wisdom (New Haven, Conn,: Yale University Press, 1951)*
[5] *Richard Creel, Religion and Doubt: Toward a Faith of Your Own (Englewood Cliffs, NJ; Prentice-Hall, Inc., 1977), p. 31.*

CAPÍTULO 3

# El Destructor Dentro Nuestro

*Las personas egoístas son incapaces de amar a los demás, pero tampoco pueden amarse a sí mismas.—Erich Fromm*

En el principio Dios creó el primer ser humano (Adán) a su imagen. Originalmente la humanidad era perfecta – genéticamente, mentalmente y espiritualmente. Los seres humanos poseían una conciencia pura y una razón noble, tenían una experiencia de adoración perfecta con una relación cara a cara con Dios y así mantenía todas las otras facultades de la mente en armonía y balance continuo. Los principios del amor y la libertad gobernaban su mente. La paz y la alegría brotaban constantemente de la mente que estaba en un balance perfecto.

Desafortunadamente, tal balance perfecto no perduró. La humanidad quebró su confianza en Dios. Por elegir su propia voluntad, la raza humana cortó su íntima conexión con Dios. Las consecuencias fueron devastadoras e inmediatas. Mientras se desestabilizaba el armonioso balance de la mente, un elemento destructivo reemplazo la influencia de Dios. Un nuevo principio ahora dominaba la mente del ser humano.

El egoísmo – la búsqueda de la satisfacción propia – tomó el lugar del amor y la libertad. Los seres humanos perdieron su sentido innato de seguridad y confianza. Al perder la capacidad de experimentar paz, se empezaron a llenar de miedo y culpa, lo que los llevo a desarrollar un deseo de auto-preservación. Antes de la elección egoísta de Adán, la mente humana estaba liberada de todo medio o temor. El temor era una emoción nueva y devastadora que contaminó la mente humana. Este fue el resultado de una percepción equivocada de Dios y de la separación de Él. Al no poder confiar en Dios y en su cuidado, surgió el principio de la supervivencia del más apto.

## EL DESTRUCTOR DENTRO NUESTRO

Debido a que Adán, sin motivo alguno, escogió no confiar en Dios y buscó su propio interés, su conciencia lo convenció de culpa. Al ser acusado por su propia conciencia, Adán tuvo temor por su vida y tomo el asunto en sus propias manos. Con su mente ahora llena de temor y duda y sin el poder del amor y la libertad en su corazón, y con el principio de auto preservación afirmado con fuerza, Adán se propuso salvarse a sí mismo. Por este motivo corrió y se escondió.

Desde entonces la humanidad ha estado corriendo y escondiéndose de Dios. La confianza en Dios se perdió, y el egoísmo ahora reina supremamente. El armonioso balance de la mente fue destruido y el principio destructivo del egoísmo ahora domina sus facultades mentales. Pero por la gracia de Dios la raza humana se salvaría de su perdición.

*El egoísmo es el elemento destructivo que infecta la mente.* No estaba presente en el diseño original de Dios, pero ha llegado a ser un agente infeccioso, un intruso que contamina nuestras facultades mentales y desestabiliza su funcionamiento. Sin la intervención y el plan de Dios para curar la mente, la humanidad estaría sin esperanza.

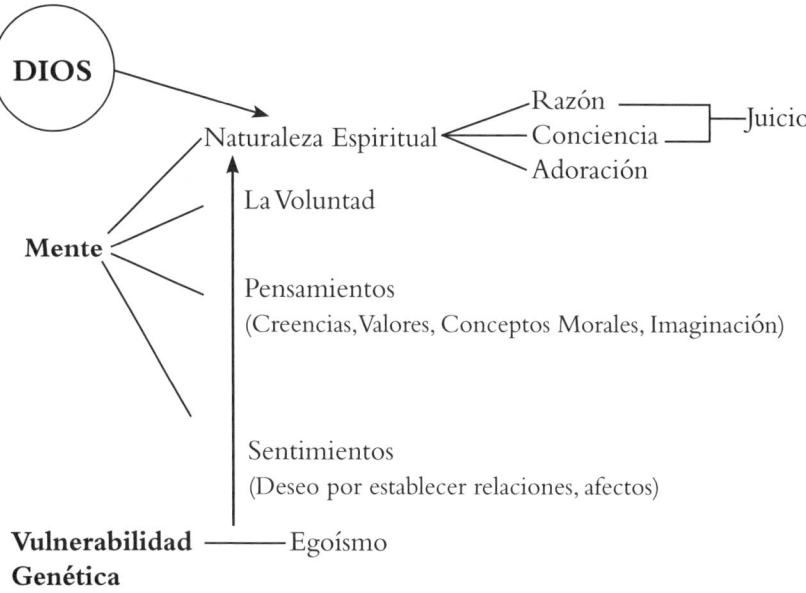

**Figura 2. La Mente Después del Pecado y Antes de la Conversión.**

### Nacidos Egoístas

Los psiquiatras reconocen el aspecto egoísta de nuestro ser y se refieren a él como *egocentrismo*. No como una característica adquirida sino como una

## ¿PODRÍA SER TAN SIMPLE?

característica innata. Adán, por haber roto la confianza en Dios y convertirse en egocéntrico, todos los seres humanos, siendo descendientes de él, nacen biológicamente y genéticamente centrados en sí mismos. Así como David escribió en el Salmo 51: "En maldad he sido formado, y en pecado me concibió mi madre" (Verso 5).

¿Cuántos niñitos están interesados en saber si la madre ha descansado o ha comido? Ninguno. Los bebes se enfocan en sus propias necesidades. Esta es nuestra herencia de Adán. Cuando Dios creó a Adán, le delegó la habilidad de crear seres a su imagen. Así como Dios creó a Adán a su imagen, de la misma manera y luego de caer en pecado, Adán tendría niños que poseerían su naturaleza y cualidades. Este patrón continúa hoy, como quienes son padres seguramente se habrán podido dar cuenta.

### Las Tres Avenidas del Egoísmo

Las personas expresan su predisposición biológica hacia el egocentrismo principalmente en tres formas. La versión de la Biblia Reina Valera en 1 de Juan 2:16 describe estas tendencias como "los deseos de la carne, los deseos de los ojos y la vanagloria de la vida". En nuestro lenguaje de hoy podríamos simplificarlo en tres palabras la sensualidad, el materialismo y la egolatría. Cada persona tiene una organización diferente de estos tres rasgos, con algunos aspectos más débiles o más fuertes.

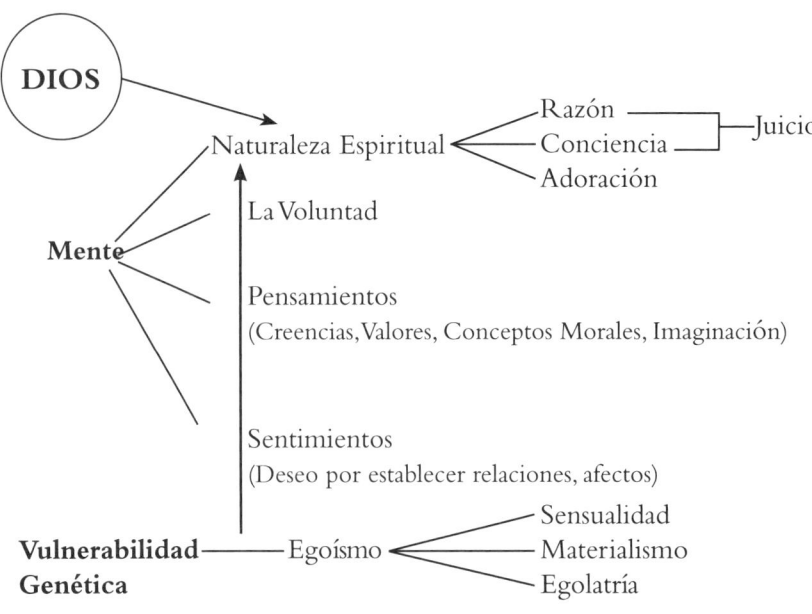

**Figura 3. La mente después del pecado y antes de la conversión.**

## La Mente Engañada

Utilizando los conceptos de Sigmund Freud, el egoísmo es una parte de la mente que él llama "ello (id)". Freud consideraba el "ello (id)" como un interés genéticamente programado hacia el sexo y la agresión que dominaba nuestro desarrollo. La *sensualidad* es similar a lo que él etiquetó como sexo, y se refiere a todas las formas físicas de placer. A la vez, esta categoría involucra el contacto sexual, también incluye las drogas, el alcohol, la glotonería y esencialmente todos los placeres de los sentidos.

El *materialismo* es sinónimo de la avaricia, que consiste en la búsqueda de posesiones materiales a costa de otros y la *egolatría* significa ponerse a uno mismo por delante de los demás. Vale la pena enfatizar que tanto el *materialismo* como la *egolatría* son comportamientos agresivos.

A menos que sean vencidos, estos intereses primitivos llevaran a la autodestrucción. Pero como Freud no reconocía el papel de Dios en la vida humana, no pudo incluirlo en su plan de tratamiento, así que escogió la única alternativa lógica disponible para él: el Yo.

La teoría de Freud simplemente afirma, "donde era Ello (id), será Yo (ego)". Como resultado, la teoría Freudiana del psicoanálisis tiene que ver con el proceso de enfocar el ojo de la mente hacia el interior para traer el Ello (id) inconsciente al consiente, donde pueda ser controlado, modificado y cambiado. En otras palabras, el psicoanálisis es el proceso de enfocar nuestra mente en sus deseos egoístas – que son el elemento destructivo y contaminante de la mente - con la creencia que después de hacer consciente estos deseos, la persona puede hacer los cambios que sean necesarios en su vida.

Un modelo cristiano de tratamiento agrega algunos puntos de vista adicionales. Jeremías 17:9 nos dice que "engañoso es el corazón más que todas las cosas, y perversa; ¿quién lo conocerá?" Debemos volvernos a Dios y pedir su ayuda. De otro modo, nuestros intentos por entender la mente sin ayuda divina, pueden llevarnos a mayor confusión y engaño.

Otro factor importante en el proceso de tratamiento es la ley de la adoración, también conocida como modelamiento. De acuerdo a esta ley nos convertiremos en aquello que admiramos o adoramos. Lo que sea que idealicemos, ya sea una persona, una idea de Dios, un ídolo, llegaremos a ser como ello. Nos adaptamos a aquello en lo que nos enfocamos. Si nos enfocamos en el yo, llegaremos a ser más centrados en nosotros mismos – egoístas. Al entrenar la mente a enfocarse en el elemento destructivo y contaminante de nuestra mente, fortaleceremos sus peligrosos poderes.

## ¿PODRÍA SER TAN SIMPLE?

Este cambio ocurre tanto en nuestro carácter como en nuestro aspecto biológico. El cerebro se reorganizara basado en las cosas que pensamos, hacemos, vemos y experimentamos. De hecho, las redes neuronales del cerebro están constantemente ramificándose y eliminándose (pruning). Las elecciones que hacemos – lo que pensamos, creemos, admiramos y adoramos, así como el comportamiento que asumimos – tendrán profundos efectos en el desarrollo ulterior de nuestra red neuronal y, por consecuencia, en nuestro carácter también. El software (lo que pensamos) puede cambiar el hardware (la red neuronal).

Quizás algunos de ustedes estudiaron inglés o algún otro idioma en la secundaria. Si es así, recuerde la dificultad que encontró en esas primeras semanas, aprendiendo una palabra a la vez, agonizando mientras traba de recordar y pronunciar esa palabra. Mientras estudiaba y practicaba, su vocabulario aumentaba. Eventualmente, inclusive la pronunciación y la sintaxis mejoraron también. Esto ocurrió gracias a que el cerebro incrementaba su red neuronal, el número de células y la cantidad de conexiones célula–célula necesarias para hablar el nuevo idioma. ,

Pero si usted dejó de hablar inglés desde la graduación de secundaria, ¿qué sucede con su habilidad para hablarlo? Con continuo uso, el cerebro fortalece y expande la red neuronal. Pero cuando esas vías se debilitan por falta de uso, se terminan degradando y se desvaneciendo. Lo mismo sucede en todo el cerebro. Por eso, los hábitos no se eliminan fácilmente: entre más fuerte sea el hábito y mayor su antigüedad, mayor será el tiempo y el esfuerzo necesario para que esa vía desaparezca.

Ahora, usted puede decir, "Esto es todo muy interesante, ¿pero qué papel tiene en el proceso de sanación mental?" Es muy importante porque nosotros tenemos el poder, al usar nuestra *voluntad*, para escoger cual circuito neuronal usaremos continuamente en nuestros cerebros. De acuerdo a las decisiones que tomamos podemos cooperar con Dios para la transformación real de nuestros caracteres aquí y ahora. Cuando escogemos, en cooperación con Dios, comportarnos de la manera que nuestra conciencia y nuestra razón determinan más apropiada, recibimos poder divino para seguir adelante y mantenernos firmes en estas decisiones.

Considere el ejemplo de los fumadores. Ellos pueden orar todo lo que quieran para ser liberados del vicio, pero a menos que elijan dejar de fumar, continuarán haciéndolo. Sin embargo, cuando ellos dejan el cigarrillo y buscan la ayuda de Dios, reciben poder divino suficiente para lograr lo que se han propuesto. El poder divino capacita a los fumadores para tolerar la agonía de dejar el hábito y experimentar la eventual libertad de sus adicciones. A partir de ahí, con el tiempo, su circuitos neuronales cambian y las vías que corresponden al hábito de fumar poco a poco se degradan mientras los circuitos neuronales responsables del autocontrol se fortalecen.

En septiembre de 1999 la revista La Naturaleza (*Nature*) publicó una investigación que apoya el hecho de que nuestras acciones y elecciones tienen como resultado cambios físicos en el cerebro mismo[1]. Este estudio fue dirigido en colaboración con científicos de las universidades de Yale, Harvard y Northwestern, y reveló que el uso de cocaína en una persona causa un cambio en el cerebro que activa genes que anteriormente estaban dormidos.

Esto significa que ciertos comportamientos pueden causar que genes que estaban apagados se enciendan y empiecen a ejercer su influencia en el individuo. En el caso del uso de la cocaína, se activa un gen que causa la producción de cierta proteína que incrementa los deseos de consumir más cocaína.

### La Televisión y La Ley de la Adoración

B.S. Centerwall realizó una investigación que demuestra poderosamente la ley de la adoración (modelamiento). Sus resultados fueron publicados en la Revista de la Asociación Médica Americana[2]. Centerwall desarrolló un elaborado estudio para determinar el efecto de los programas televisivos sobre la violencia en la sociedad, evaluando el nivel de violencia en la sociedad antes y después de la llegada de la televisión. Como quería un indicador claro de violencia se enfocó en las tasas de homicidio en los Estados Unidos.

Para evitar objeciones de que el incremento de la tasa de homicidios fuera debido al fácil acceso de armas, el comparó la tasa de homicidios de los Estados Unidos con la de Canadá, un país con similares características occidentales a las de los EE UU pero con un estricto control de armas. Finalmente comparó la información de estas dos naciones con las estadísticas obtenidas en Sudáfrica, donde la televisión no fue permitida hasta el año 1970. Como una precaución adicional, contó solamente los asesinatos entre hombres blancos en Sudáfrica para descartar cualquier posibilidad de que las políticas de racismo del Apartheid afectaran los resultados. Lo que descubrió fue asombroso.

Después de la llegada de la televisión en EEUU, la tasa de homicidio aumentó un 93 por ciento entre 1945 a 1974. Durante ese mismo periodo la tasa de homicidios aumentó un 92 por ciento en Canadá. Pero en Sudáfrica, donde la televisión no llego sino hasta en los años 70's, la tasa de homicidio disminuyo en un 7 por ciento desde 1945 a 1974. Increíblemente, después

## ¿PODRÍA SER TAN SIMPLE?

de la introducción de las televisión en 1975 la tasa de homicidios aumento en un 130 por ciento.

En abril del 2004 la revista Pediatría (*Pediatrics*) publicó una investigación asombrosa que reveló que ver televisión incrementa en los niños el riesgo de desarrollar trastornos de déficit de atención. ¡La cantidad de tiempo que el niño pasa mirando televisión cambia su cerebro!3

Esta evidencia, en conjunto con otras investigaciones publicadas con hallazgos similares, ha llevado a la Academia Americana de Pediatría a recomendar que los niños menores de 2 años no debieran ver televisión de ningún tipo y para niños mayores debería permitirse bajo limitaciones estrictas. Claramente lo que observamos, admiramos, adoramos y creemos tiene un impacto significativo en lo que llegaremos a ser.

### Los Efectos Del Cuerpo Sobre La Mente

Las facultades de la función de la mente mejoran cuando el cuerpo está sano. La mente y el cuerpo son inseparables. Ya hemos discutido el efecto de la mente sobre el cuerpo. Pero igualmente debemos recordar que el cuerpo claramente afecta el funcionamiento de la mente. Cuando la enfermedad física ocurre, la mente se vuelve menos eficiente. Por ejemplo, ¿quien quisiera tomar exámenes finales con gripe y una fiebre de 40 grados?

### La Maquinaria del Cerebro Puede Estar Defectuosa

Cuando hablamos de la mente no podemos olvidar que los problemas físicos han de afectar su funcionamiento correcto. Al romperse la conexión íntima que la humanidad tenía con Dios, no solamente se debilitó la mente con la presencia del egoísmo, sino que también llevó al cerebro a sufrir enfermedad y defectos físicos.

La enfermedad de Alzheimer – así como la esquizofrenia y otros desordenes – afecta al cerebro mismo (el hardware), y subsecuentemente obstaculiza el buen funcionamiento de la mente. Algunas veces para recuperar la salud se requiere intervenciones biológicas (para tratar el hardware), pero en otras ocasiones se requiere una intervención social, psicológica o espiritual (para tratar el software). Eso es lo que hace que la psiquiatría sea emocionante y que tenga tantos desafíos.

Como psiquiatra, con frecuencia utilizo medicinas para estabilizar la bioquímica de la persona. Los medicamentos pueden minimizar el impacto de los defectos genéticos o ambientales en el cerebro. Algunos de mis pacientes Cristianos tienen dificultad con esto e inclusive sienten culpa cuando toman medicamentos psiquiátricos. Muchos de ellos han enfrentado críticas de parte de amigos bien intencionados.

Yo les recuerdo a mis pacientes que cuando Adán cayó de la gracia de Dios, defectos genéticos empezaron a entrar a nuestro ADN. Como raza llegamos a estar sometidos bajo la enfermedad y la muerte. De ahí que nuestros cerebros no funcionen tan eficientemente como lo hacía el cerebro de Adán cuando salió directamente de la mano de Dios. Nuestros cerebros pueden tener diversos defectos en su estructura molecular y en el funcionamiento de las células. El hardware de nuestra computadora mental ocasionalmente es defectuoso y la medicación psiquiátrica puede llegar a mejorar el funcionamiento de este hardware mental.

Un reciente descubrimiento publicado en la Revista Americana de Psiquiatría (*American Journal of Psychiatry*) lo demuestra claramente.[4] El Doctor Michael Egan y sus colaboradores descubrieron que una sola mutación del cromosoma 22 altera la función de la memoria.[5] Los medicamentos pueden compensar una debilidad biológica, pueden reducir la intensidad de sentimientos perjudiciales y mejorar la eficiencia del cerebro, haciendo más fácil para la *razón* y la *conciencia* ganar fortaleza y restaurar el balance en los procesos mentales.

A medida que reconocemos la relación entre la mente y el cuerpo, debemos también recordar la importancia de un estilo de vida saludable. Un estilo de vida saludable afecta directamente nuestro estado mental porque entre más sano este el cuerpo, más sana y más eficiente será nuestra mente. Del mismo modo un estilo de vida malsano impide que desarrollemos al máximo nuestro potencial mental ya que afecta el funcionamiento saludable del cerebro. Esa es la razón por la cual fueron dadas las leyes de salud en la Biblia. Dios quiere que su pueblo tenga la mente lo más sana posible, pero conseguir esto requiere que el cuerpo esté en el estado más sano posible.

---

*Pie de Página:*

[1] Max B. Kelz y col., "Expression of the Transcription Factor FosB in the Brain Controls Sensitivity to Cocaine" Nature 401 (Sept 16, 1999): 272-276

[2] B.S. Centerwall, "Television and Violence" Journal of the American Medical Association 267 (1992): 3059-3063.

[3] D. Christiakis y col., Early Television Exposure and Subsecuent Attentional Problems in Children" Pediatrics 113, no.4 (204):708 – 713.

## ¿PODRÍA SER TAN SIMPLE?

[4] M. Egan y col., "The Human Genome Mutations," American Journal of Psychiatry 159, no.1 (2002):12

[5] El cerebro consiste en billones de neuronas (células cerebrales) organizadas en redes complejas. Las células cerebrales del individuo se comunican la una con la otra al liberar señales químicas llamadas neurotransmisores. Después de que la célula ha enviado la señal liberando su neurotransmisor, rápidamente se activan las bombas recaptadoras de neurotransmisores (las aspiradoras) para la recaptura del neurotransmisor para remplazarlo y re utilizarlo. En las áreas del cerebro donde las bombas recaptadoras están más esparcidas algunos de los neurotransmisores liberados permanecen en el fluido por fuera de las células. El cerebro tiene enzimas asignadas a remover lo que queda de los neurotransmisores para prevenir una acumulación excesiva.

La corteza pre-frontal, la parte del cerebro que está detrás de la frente, es donde se realiza nuestro pensamiento y nuestro razonamiento. La corteza pre-frontal tiene pocas bombas recaptadoras de tal modo que más neurotransmisores permaneces fuera de las células despúes de la estimulación. Hay un neurotransmisor específico que es muy importante para el pensamiento agudo y una buena memoria, este neurotransmisor es la dopamina. La enzima que rompe la dopamina se llama catecol-O-metiltransferasa (COMT). El gen que produce COMT está localizado en el cromosoma 22. El Dr. Egan y sus colaboradores descubrieron que una mutación aleatoria del gen que produce el COMT en el cromosoma 22 ha entrado al genoma humano. Por lo tanto, dos formas del gen pueden ser halladas: Una forma con el amino ácidovalina (Val) en la posición 108 del gen; y el otro con el amino acido metionina (met) en la posición 108 también.

Dado que cada persona tiene dos grupos de cromosomas (uno de la madre y el otro del padre), pueden existir tres posibles combinaciones: met/met, met/val, val/val. Sorprendentemente, el COMT con un gen met es sensible al calor y demuestra menor actividad a la temperatura corporal. Por lo tanto las personas con las combinaciones met/met, met/val tienen menor actividad del COMT y subsecuentemente altos niveles de dopamina en su corteza pre-frontal en comparación con aquellos que tienen la combinación val/val. Tests de memoria han revelado que las personas con la combinación val/val tienen un desempeño más deficiente de memoria a corto plazo que aquellos con la combinación de genes met. Y aquellos con la combinación met/met se desempeñan mejor que aquellos con la combinación met/val. Este estudio ha demostrado que una sola mutación de un gen puede afectar directamente la bioquímica cerebral, con una subsecuente alteración de la función de la memoria.

Capítulo 4

# El Desbalance

En los dos capítulos anteriores exploramos un modelo de la estructura jerárquica original de la mente y cómo el elemento destructivo del egoísmo ha infectado la mente. En este capítulo examinaremos lo que sucede cuando permitimos que los deseos egoístas dirijan nuestra vida. También vamos a continuar nuestra búsqueda para saber cómo restaurar el balance y cómo curar la mente.

**Madre Primeriza**

Imagínese que usted es una mujer que recién acaba de ser madre por primera vez. Ha pasado una semana desde el nacimiento de su primer hijo. Ahora usted está sola en su casa, y su esposo está en un viaje de trabajo, fuera de la ciudad por una semana. Usted se levanta temprano para cuidar a su bebe, trabaja todo el día limpiando la casa, y a las 11:30 p.m. se acuesta en su cama completamente agotada.

A las 2:00 a.m. su bebe hambriento, empieza a llorar. ¿Te sientes deseosa de querer salir de la cama para cuidar de su bebe? No, pero rápidamente *razonas* en las necesidades de tu bebe y en tu responsabilidad para con él. Tu *conciencia* te da la convicción de que es tu deber ir, y utilizas la *voluntad* para levantarte a alimentar y cuidar a tu bebe. Luego regresas a la cama y duermes por el resto de la noche.

Al levantarte a la mañana siguiente, ¿cómo te sientes contigo misma? Seguramente con un sentido de satisfacción por un trabajo bien hecho. Quizás con un poco de orgullo maternal. "Soy realmente una buena mamá".

## ¿PODRÍA SER TAN SIMPLE?

Tu auto estima se levanta un poco, tu auto-confianza aumenta y tu sentido de bienestar general permanece intacto.

Pero veamos que sucede si cambiamos el orden de la jerarquía mental, en vez de permitir que la razón y la conciencia dirijan tu vida, dejaremos que los sentimientos tomen control. Son las 2:00 a.m. y tu bebe empieza a llorar. No sientes que debes levantarte así que no lo haces. Te das media vuelta, te cubres la cabeza con la almohada y piensas en cuanto te mereces descansar. De hecho, incluso podrías decirte a sí misma que serás una mejor madre en la mañana, porque habrás podido descansar lo suficiente. A la mañana siguiente te levantas para encontrar a tu bebe agotado de tanto llorar toda la noche y todavía húmedo y hambriento. ¿Cómo te sientes ahora? ¿Tal vez llena de culpa y avergonzada? Quizás, incapaz de enfrentar tus emociones, miras a tu bebe y le dices: "Todo esto es tu culpa. Si no fuera por ti, yo no me sentiría de esta manera". ¿Qué sucede con tu auto-estima? ¿Sientes mayor tranquilidad y bienestar general?

*Cuando se permite que los sentimientos controlen la voluntad, siempre nos llevara a la destrucción.*

### La Porrista

Imagínense una joven de 16 años de un colegio de secundaria que es parte del grupo de porristas del equipo de fútbol. Ella tiene sus ojos puestos en el capitán del equipo. Cada vez que él pasa cerca, ella salta un poco más alto y canta más fuerte, esperando que él se dé cuenta. Finalmente él se da cuenta, y la invita a salir a una cita. En su primera cita él intenta aprovecharse de ella. Su *razonamiento* y su *conciencia* le dicen inmediatamente a ella: "No, yo no quiero esto. No soy este tipo de mujer". Pero sus *sentimientos* están confundidos e indecisos. *"No quiero que se enoje conmigo"*, se dice a ella misma. *"Quiero gustarle. No quiero ser rechazada"*. Y el temor a ser rechazada y el deseo de ser amada la hacen ceder.

Si ella siguiera a su razón y su conciencia y le dice que NO, en ese momento, sola en el carro, ¿cómo se va a sentir? ¿Mal, incomoda, ansiosa, tensa? ¿Pero cómo se ha de sentir en la siguiente semana, mes y año? Su autoestima ¿sube o baja? En cambio, ¿qué pasaría si se deja guiar por sus sentimientos y sigue sus deseos, pasivamente permitiendo que él haga lo que quiera? ¿Entonces qué va a suceder con su autoestima? Baja completamente. Cuando los sentimientos toman control el resultado siempre es confusión y destrucción.

Toma un momento para reflexionar en tu vida y considera 10 de tus acciones más reprochables - esas que desearía cambiar o que nunca quisieras haber hecho. ¿Cuántas de esas acciones fueron hechas luego de una revisión razonable y concienzuda de los hechos y las circunstancias? ¿Cuántas estuvieron basadas en las emociones? Cada persona – sin excepciones - a quienes les he hecho estas preguntas, concuerda en que en la mayoría de las ocasiones sucede lo último.

### La Esposa del Pastor

Las primeras dos analogías demuestran el impacto devastador sobre la autoestima, el valor propio y la autoconfianza, cuando los *sentimientos* toman el control. Sin embargo algunos podrían argumentar que el daño ha resultado como consecuencia de violaciones morales y no simplemente porque los sentimientos tomaron el control. Otros podrían sostener que aún si los sentimientos toman el control de las decisiones, nada malo pasaría si esas decisiones no violan los valores morales. Si compartes esta forma de pensar, te invito a considerar la historia de Ethel.

Esta mujer vino a verme buscando ayuda para sus sentimientos crónicos de depresión, baja autoestima e inseguridad. Como esposa del pastor de la iglesia, ella sentía vergüenza de pedir mis servicios. Ethel y su esposo han estado en el ministerio por más de 30 años y han trabajado en muchas iglesias. Como esposa del pastor, en muchas ocasiones ella había aconsejado a miembros de iglesia atribulados, pero ahora era ella la que era incapaz de encontrar paz para su propio corazón.

Ella me contó cómo había sido criada en un hogar religioso por padres estrictos pero amorosos. Aunque no pudo recordar ningún momento de abuso infantil en su casa, sus padres habían controlado su comportamiento de manera estricta y la criticaban por actividades que se alejaban de sus fervientes ideales familiares. Nunca motivaron a Ethel para que hiciera preguntas o pensara en ella misma. En cambio, le decían que simplemente debía seguir las instrucciones de sus padres y de Dios.

Habiendo crecido en un ambiente extremadamente sensible a la crítica, ella constantemente buscaba la aprobación y aceptación de los demás. Esto hacía casi imposible para ella expresar su opinión o defender su punto de vista por temor a ofender a alguien y tener que enfrentar el rechazo.

Ethel era amable, paciente, generosa y generalmente era amada y respetada por todos. Nadie en su iglesia podría recordar una ocasión en la que ella hubiera sido ofensiva o ruda. Sin embargo la mujer se sentía solitaria, aislada, desvalorada y deprimida. Aun con todos sus años de servicio a los demás y haciendo todo lo que ella creía que era la voluntad de Dios, ella no podía entender porque continuaba sufriendo de tal inseguridad crónica y baja autoestima.

Durante nuestras sesiones juntos Ethel describió un incidente que reveló

## ¿PODRÍA SER TAN SIMPLE?

el problema oculto en su vida. En esta ocasión ella estaba tomando clases en la universidad y tenía exámenes finales programados para el jueves de modo que planeo reservarse la noche del miércoles para realizar su preparación final. El martes de la semana del examen, Doris, la organista de la iglesia, la llamó para informarle que no podría tocar el órgano en la reunión del miércoles y le pidió a Ethel si podía tocar para ese día.

En su propio *razonamiento y conciencia* Ethel inmediatamente concluyó que necesitaba estudiar el miércoles en la noche y que no quería tocar el órgano en la iglesia. Con la misma rapidez, sin embargo, un torrente de sentimientos parecieron sobrecogerla: *No quiero que Doris se moleste conmigo. Quiero caerle bien. Ella podría pensar que yo no quiero apoyar la iglesia ni el ministerio de mi esposo.* Basada en su temor al rechazo y lo que otros pudieran pensar, Ethel decidió cancelar sus planes de estudiar los miércoles y en cambio decidió ir a tocar el órgano en la iglesia.

¿Qué pasó con la autoestima de Ethel? ¿Su autoconfianza? ¿Su autovaloración? Se fueron al piso. No porque tocar el órgano en la iglesia sea inmoral – ya que de hecho es una actividad bastante sana cuando se hace por los motivos correctos. Su autoestima se derrumbó porque tomo una decisión basada en sus sentimientos de temor e inseguridad, no en la verdad y en los hechos. Ella decidió ir en contra de su propio juicio y permitió que las emociones de temor e inseguridad la controlaran. En su propia mente se experimentó a sí misma como vacilante y débil. Y como consecuencia, perdió el respeto por ella misma.

Afortunadamente Ethel pronto reconoció un patrón de decisiones poco saludables que ella había ido tomando. Por años ella había basado sus respuestas en lo que ella pensaba que haría feliz a los demás, en vez de basarlas en lo que ella pensaba que era lo más correcto y razonable. Ella reconoció que no había desarrollado la habilidad de razonar por sí misma, sino que había permitido que otros pensaran por ella. Esto la condujo a un círculo vicioso de baja autoestima causada por la creciente necesidad de aprobación de los demás. Esto también dio como resultado un creciente temor al rechazo, el cual produjo más decisiones basadas en el temor y en baja autoestima. Cuando Ethel empezó a tolerar la desaprobación y el rechazo de otros y pudo tomar decisiones que eran realmente correctas y saludables – simplemente porque eran correctas y saludables – su autoestima y su autovaloración empezaron a aumentar.

¿Qué fue lo que permitió el cambio? Dios, como fuente de toda verdad, estaba haciendo brillar la verdad alrededor de ella. Pero la verdad no es útil a menos que sea entendida y aplicada. Ethel empezó a ejercitar su *razón* y su

# EL DESBALANCE

*conciencia* para pensar por ella misma y para sacar conclusiones por ella misma. Empezó a buscar y a aplicar la verdad a su vida por medio del ejercicio de su *voluntad* para actuar por ella misma y hacer sus propias elecciones, sin importar lo que los otros pensaran. En otras palabras, ella estaba consciente de sus sentimientos de temor, de dolor, soledad y su deseo de ser aceptada pero reconoció que seguir rindiéndose a tales emociones solo perpetuaría sus problemas. La continua sumisión a sus sentimientos era un rechazo a la verdad y lo único que hacía era impedir su curación. El diagrama de la siguiente página ilustra esta batalla.

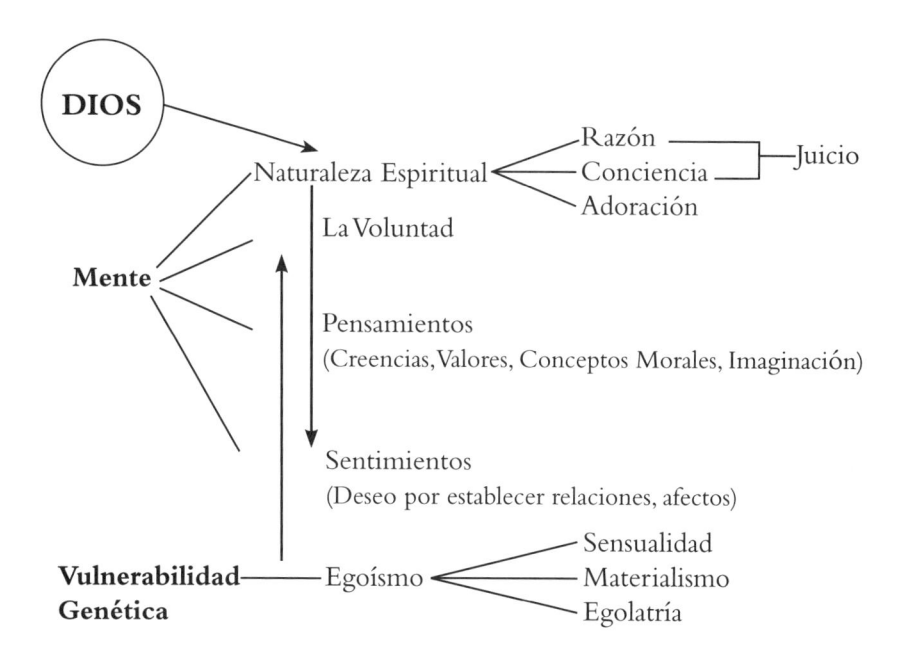

```
    DIOS
                      ┌─ Razón ──────┐
         Naturaleza Espiritual ←── Conciencia ──┤ Juicio
                      └─ Adoración ──┘
              La Voluntad
  Mente

              Pensamientos
              (Creencias, Valores, Conceptos Morales, Imaginación)

              Sentimientos
              (Deseo por establecer relaciones, afectos)

                            ┌─ Sensualidad
  Vulnerabilidad ─── Egoísmo ←──── Materialismo
  Genética                  └─ Egolatría
```

**Figura 4. La mente después del pecado y después de la conversión.**

## ¿Se Supone Que Debo Hacer de Cuenta Que No Tengo Sentimientos y Emociones?

Muchos de mis pacientes han tenido muchas dificultades estableciendo su razón y su conciencia en el gobierno de la voluntad porque sus sentimientos son tan fuertes y han confiado en ellos toda su vida como la base de la toma de sus decisiones. Ellos frecuentemente me cuentan que no piensan que algo sea real hasta que no se sienten bien con respecto a eso. Con desesperación preguntan: *¿Se supone que debo hacer de cuenta que no tengo sentimientos?*

## ¿PODRÍA SER TAN SIMPLE?

Para nada. ¿Recuerda la analogía en la cual llegabas a casa con tu bebe recién nacido? Imagina que estás en tu casa con tu bebe recién nacido otra vez a las 2:00 a.m. Sin embargo, esta vez, hay un bebe llorando, el teléfono suena y es su mejor amiga que está viendo películas toda la noche y quiere que la acompañes. ¡Tus sentimientos gritan rápidamente!, ¡No! ¡Duérmete! Tu razón inmediatamente examina tus sentimientos a la luz de las circunstancias. En conjunto con una clara conciencia, rechazas la invitación, satisfaces tus sentimientos y regresas a dormir. Sin embargo, te das cuenta de que aún en esta situación los sentimientos no están al control. La razón y la conciencia toman la decisión basadas en los hechos, la evidencia y la verdad, como son presentadas en las circunstancias actuales, y tú decides lo que es más correcto y apropiado.

Con frecuencia, les recuerdo a mis pacientes que los sentimientos son datos, información que debemos someter a evaluación de la conciencia y la razón, basados no meramente en los sentimientos mismos, sino en los hechos, la evidencia, la verdad y las circunstancias asociadas con el sentimiento.

**Los Sentimientos Pueden Ser Engañosos**

¡Lo que la mayoría de mis pacientes no se dan cuenta cuando vienen por primera vez, es que *los sentimientos pueden ser engañosos!* Muchas personas han creído erróneamente que si se algo se siente bien, debe ser lo correcto. Pero la Biblia dice en Santiago 1:13,14: "Cuando alguno es tentado, no diga que es tentado de parte de Dios; porque Dios no puede ser tentado por el mal, ni Él tienta a nadie. Sino que cada uno es tentado, cuando de su propia concupiscencia es atraído y seducido". Este texto nos informa que son nuestros deseos el motivo más común por el cual perdemos el rumbo.

Alicia estaba desesperada cuando llegó a su primera cita en mi oficina. Su cabello era rubio y estaba revuelto en todas direcciones, y tenía mucho maquillaje puesto. Estaba un poco pasada de peso, usaba unos jeans dos tallas menores a la que le correspondía y su camiseta tenía una foto brillante de un camión en el frente. Usaba un esmalte rojo brillante en sus uñas y un lápiz labial que se extendía más allá de los márgenes de sus labios. Cada mano tenía por lo menos 7 anillos, dos argollas colgaban de su ceja derecha y un gran número de aretes en cada oído. Olía a tabaco y aparentaba tener 50 años, pero realmente tenía 37.

En nuestra primera sesión fue difícil seguir el hilo de sus comentarios ya que saltaba de un tema a otro y de un problema a otro. Siempre que tratábamos de abordar un problema, ella inmediatamente presentaba más problemas con sentimiento frenético de desamparo y desesperanza. Su vida

## EL DESBALANCE

era caótica, sin ninguna dirección y ninguna evidencia de autocontrol. Ella hacia lo que sus sentimientos la motivaran a hacer. Casada con su tercer marido y con tres niños, ella consideraba su vida miserable, pero no tenía idea de cómo podía mejorar. Sufría de una autoestima extremadamente baja y sentimientos crónicos de desvaloración y no podía recordar un momento en el que ella hubiera estado feliz y en paz consigo misma.

Después de compartir con Alicia la jerarquía de la mente y la importancia de tomar decisiones basada en los hechos más que en los sentimientos, ella empezó a comprender los principios e hizo pequeños avances. Desafortunadamente, justo cuando estaba empezando a mostrar una mejora real, todo pareció desvanecerse.

Un día ella dio muestras de su atracción por el esposo de su mejor amiga. Ella comentó que deseaba tener una aventura con él, algo que ella repitió numerosas veces durante la sesión. "Pero Dr. Jennings, se sentiría tan bien." Así que empecé a hacerle algunas preguntas basadas en la realidad.

"¿Sería bueno para tu marido si tu tuvieras una aventura con el esposo de tu mejor amiga?"

"No."

"¿Sería bueno para tu mejor amiga que tuvieras una aventura con su esposo?" De nuevo me respondió no. "¿Sería bueno para tus niños?" ¿Sus niños? ¿Y por último, sería bueno para ti y para el marido de tu amiga?" Cada vez ella respondió no sin dudarlo.

Para esa altura, ella se dio cuenta que debía escoger entre dos opciones: Ella podría aceptar el hecho de que la razón y la conciencia habían determinado lo más correcto, lo que daría como resultado que ella no podría continuar en la búsqueda de una aventura. O ella podría seguir sus sentimientos, escogiendo involucrarse en una relación perjudicial.

¿Qué crees que hubiera pasado con su autoestima, autoconfianza y autovaloración si ella hubiera tenido la aventura? ¿Qué piensas que hubiera pasado con su estado de ánimo? Alicia luchó para tomar esta decisión pero eventualmente escogió seguir las indicaciones de la *conciencia* y la *razón*. Ella decidió ejercitar su *voluntad* y no buscar tener esa aventura. ¿Adivinen qué? En el transcurso de dos semanas sus sentimientos por ese hombre se desvanecieron por completo, y su nivel de autoconfianza continúo en ascenso.

Capítulo 5

# La Ley de la Libertad

*"Ningún hombre ha recibido de la naturaleza el derecho a mandar a los demás. La libertad es un regalo del cielo, y cada individuo de la especie tiene derecho a gozar de ella tan pronto como disfruta de su razón"* –Denis Diderot

Gabriela parecía ser una niña asustada – dolida, anhelando ser confortada, necesitada de ayuda, sin embargo con miedo a pedirla y con un miedo inmenso de ser herida de nuevo. Sus manos temblaban de los nervios, y sus ojos oscuros tenían una mirada errática que claramente querían evitar que la mirara a los ojos. Las características llamativas de esta mujer de 23 años de edad mostraban rasgos de la inocencia de una niña escondida detrás de un muro de dolor y temor. Ella hablaba de un modo suave e inseguro, su voz temblaba con inquietud. Al dirigirnos hacia mi oficina, pensé, ¿qué me dirá? ¿Qué puede estar preocupándola tanto? ¿Porque se ve tan asustada e insegura?

Al entrar a mi oficina, ella inmediatamente irrumpió en llanto. Con lágrimas en sus ojos ella describió como había sido alguna vez una joven alegre y sociable que no le costaba organizar una salida con sus amigos el fin de semana o tener una presentación pública en el colegio. Con una pequeña sonrisa me contó que había sido presidente de su clase. Recordaba haber sido popular, energética y divertida pero todo cambio cuando, a los 19 años, se casó con su amor de la adolescencia. Durante los primeros meses su relación parecía perfecta, pero pronto después de la luna de miel su esposo empezó a tomar y con el paso del tiempo se convirtió en una persona demandante, crítica y controladora.

Si Gabriela quería salir con una de sus amigas, él se lo prohibía, y si ella se resistía a lo que él quería, el respondía con hostilidad y amenazas. Cada vez que a él le placía, le ordenaba - independientemente de lo que estuviera haciendo – que se desnudara y se acostara para que él pudiera satisfacer sus deseos. Si ella decía que no, le pegaba. Finalmente ella decidió dejar de resistirse y se sometió a lo que fuera que él le ordenaba.

Para cuando vino a verme, Gabriela estaba deprimida, confundida, insegura, temerosa, infeliz y sin esperanza. El dramático cambio en su matrimonio la había desmoralizado completamente. Ella no entendía que había salido mal ni sabía que hacer al respecto.

En este universo tenemos una ley – ordenada por Dios mismo – llamada la ley de la libertad. No es una regla o un acto legislativo o una orden arbitraria de un poderoso potentado. En cambio, es una realidad universal, así como la ley de la gravedad. Piensa en la ley de la gravedad. No tienes que conocerla para que funcione. Ni tampoco hay que creer en la ley de la gravedad para sentir sus efectos. De hecho, puedes negar que exista completamente. Pero si te subes a la parte más alta del edificio Empire State y proclamas que no existe tal cosa como la ley de la gravedad, y saltas, te encontraras rápidamente dentro de la jurisdicción de la ley cuya realidad niegas. La violación de la ley de la gravedad está acompañada de consecuencias, ya sea que tú las anticipes o no.

La ley de la libertad funciona de una manera similar, sin importar si uno la cree, la entiende o la reconoce. Y las violaciones de la ley de la libertad siempre tienen consecuencias perjudiciales de modos muy predecibles.

### Una Propuesta Sin Libertad

Imagínese el caso de una mujer joven que esta de novia con el hombre de sus sueños. Un día después de haberse conocido por varios meses él la lleva a un restaurante especial y luego la lleva una caminata romántica en el jardín. Con una música suave de fondo se arrodilla y le pide que se case con él.

Dándose cuenta de la importancia de esta decisión, la joven mujer pide un momento para pensar en la respuesta. Su indecisión lo hace sentir inseguro, lleva sus manos a sus bolsillos y saca una pistola, la apunta a su cabeza y dice: "Mira, te he traído aquí, te he comprado flores y regalos, he invertido mi tiempo y dinero en ti. Ahora es mejor que te cases conmigo y me ames porque si no, te voy a disparar aquí mismo".

## ¿PODRÍA SER TAN SIMPLE?

¿Qué crees que pasa en el corazón de esta mujer? "¡Oh! ¿Eres el hombre fuerte que siempre he estado esperando?" Por supuesto que no. Todos reconocemos que esta forma de trato causa temor, disgusto, asco y finalmente rebelión. Ella va a querer alejarse de él lo más pronto posible.

Nuestro ejemplo revela dos primeras consecuencias predecibles que ocurren cuando alguien viola el principio de la libertad: Siempre *destruye el amor e incita a la rebelión*. Esto sucede en todo lugar y cualesquiera sean las circunstancias bajo las cuales nuestras libertades son violadas.

### Lasaña

Piensa en una esposa que quiere sorprender a su marido con su comida favorita. Después de muchas horas de preparar su lasaña especial, que ella sabe que le gusta, la pone en el horno para que esté lista cuando él llegue del trabajo.

Pero en el camino a casa él llama a su esposa y le dice, "he tenido un día horrible en el trabajo. Quiero una lasaña, así que vete a la cocina y prepáramela. Y espero que esté lista para cuando llegue a casa". Sin esperar por una respuesta, el cuelga.

¿Qué tipo de reacción esperarías de parte de la esposa? Ella sabe que la lasaña esta lista cocinándose en el horno. ¿No crees que le darían deseos de tirarla? ¿Será que la violación de su libertad por parte del esposo causaría una reacción de rebelión en ella? El amor perece y la rebelión surge siempre que se viola la libertad.

### "Quiero una Coca Cola"

Ahora imagínate que te encuentras en un restaurante con tu esposo. El mesero le pregunta que va a querer tomar. Y usted responde, "Quiero tomar Coca Cola". Pero inmediatamente tu esposo responde: "Ella no puede tomar Coca Cola – tráigale leche". ¿Cómo responderías? Esta violación de tu libertad ¿aumentaría tu amor, o lo disminuiría? ¿Se sentiría más cerca de su esposo, o lo alejaría de él?

Todas las violaciones de la ley de la libertad tienen los mismos resultados: La destrucción del amor y el crecimiento de un deseo de rebelión. La única variable es el grado de violación. Entre más grande es la violación de la libertad más devastadores serán los resultados. En el caso de la gravedad, saltar del cordón de la vereda puede simplemente resultar en un tobillo doblado. Pero si salta de un edificio de 20 metros, lo más posible es que muera. La ley de la gravedad funciona en ambos casos, la única variable es el nivel del daño que ocasiona.

## LA LEY DE LA LIBERTAD

### ¿Por qué Dios Usó Tanta Fuerza?

Dios ha hecho un gran esfuerzo por demostrarnos que la violación de la libertad no restaura el amor. En una ocasión, Él empleó su poder para destruir todo el mundo con el diluvio (Génesis 6-11). Fue una increíble demostración de poder, ¿pero llevó esto a restaurar la lealtad y la unidad de la humanidad con Dios? Después del diluvio, ¿porque la gente construyó la torre de Babel? ¿Porque no creían que había un Dios, o porque no confiaban que Él no volvería a destruir el mundo?

Dios uso su poder para matar a los primogénitos de Egipto (éxodo 11:1-12:30) y luego ahogó el ejercito del faraón en el m ar (Éxodo 14:23-28). El Señor hizo caer truenos desde el Sinaí con gran despliegue de poder, y todos los israelitas tuvieron temor (Éxodo 20:18,19). Cuándo Dios demostró su poder en tales formas, ¿consiguió restaurar la unidad con el hombre? ¿O por el contrario, la rebelión y la adoración del becerro de oro vinieron como resultado? (Éxodo 32:1-8)

En el monte Carmelo, Elías hizo caer fuego del cielo, y toda la gente cubrieron sus rostros y exclamaron, "¡El Señor – Él es Dios! ¡El Señor – Él es Dios!" (1 de Reyes 18:39). Pero después de una increíble muestra de poder, ¿respondió el pueblo de Israel con lealtad y fidelidad perpetua? ¿O respondieron con la recurrente rebelión e idolatría (ver el libro de Isaías, Jeremías, Amos, Oseas y Miqueas)?

Dios dice por medio del profeta Zacarías, "No con ejército, ni con fuerza, sino con mi espíritu, dice el Señor" (Zacarías 4:6). ¿Y cómo es que trabaja el Espíritu? Por medio del amor, la verdad y la libertad. Dios gana los corazones por medio de la revelación de la verdad en amor, y dándonos la libertad para sacar a nuestra propias conclusiones (Efesios 4:15).

### El Amor Requiere Libertad

Cuando Lucifer se rebeló (ver Isaías 14, Ezequiel 28), Dios no empleó su poder para forzar al ángel a obedecer. Dios no utilizó su poder para castigar y destruir. A cambio, Él evitó la fuerza, porque es contraria a sus métodos y a sus principios. En su omnisciencia Dios se dio cuenta de que usar la coerción solamente incitaría a una rebelión más grande. El uso de la fuerza no restaurará la unidad y la armonía o el amor. El amor requiere libertad.

### Medidas de Emergencia

Si la fuerza y el poder no son suficientes para lograr la meta de unidad de Dios, entonces ¿porque Dios los empleó tanto en el antiguo testamento? Dios tomó grandes riesgos de ser malinterpretado al usar la fuerza y el poder en

## ¿PODRÍA SER TAN SIMPLE?

el pasado. En situaciones de emergencia, el verdadero amor tomará grandes riesgos. Pero no deberíamos cometer el error de entender las medidas de emergencia como una violación a la ley de la libertad.

Ubicado en el noroeste de Georgia (USA), el Parque Estatal Cloudland Canyon toma su nombre por la hermosa vista que se ve desde la cima de los altos muros del cañón. Imagina que emprendes un viaje con tu familia a ese lugar. Tus hijos están riendo y jugando cuando te das cuenta de que uno de tus hijos persigue un platillo volador que se dirige hacia el abismo. ¿Qué harías? ¿Gritarías? Ciertamente. Así que grita, "Detente – ¡Mira el abismo!" Pero él esta tan entretenido con lo que está haciendo que no te escucha. Así que usted grita más fuerte, pero el viento está soplando y se lleva sus palabras. Mientras más se acerca al abismo, ¿no gritarías con todas tus fuerzas para salvarle la vida? ¡Por supuesto que sí! Gritarías: "¡DETENTE AHORA! ¡TE DIGO QUE TE DETENGAS!" Finalmente tu preocupación prevalece, pero también es malinterpretado por los demás. Cuatro caminantes que van cruzando el cañón lo escuchan y piensan: "Que padre tan cruel. Yo nunca trataría a mi hijo así."

¿Acaso nosotros no tomamos riesgos de ser malinterpretados en situaciones de emergencia? Considera los inmensos riesgos que Dios tomó cuando levantó su voz en el pasado.

Ponte a ti mismo en el lugar de un profesor de primaria que acaba de recibir a los niños luego del recreo. Ellos todavía están riéndose y haciendo ruido cuando escuchas el rumor de que hay un francotirador al acecho en el edificio y necesitan evacuar inmediatamente. Cuando requieres la atención de sus estudiantes, ellos no te escuchan porque están haciendo mucho ruido. ¿Levantarías la voz y gritarías si es necesario para callarlos, restaurar el orden y dirigirlos a un lugar seguro? ¿Tomarías el riesgo de mostrar este comportamiento – claramente poco característico de tu persona – aún si algunos estudiantes se van a casa y le cuentan a sus padres que el profesor les gritó?

Mientras un buque de tropas de los Estados Unidos cruzaba el atlántico durante la segunda guerra mundial, un torpedo lo golpeó, y empezó a hundirse. Los soldados estaban alojados debajo de la cubierta, y muchos de esos compartimientos comenzaron a inundarse. La escotilla de la cubierta fue abierta y los hombres que estaban debajo, llenos de angustia, trataron de escapar. Mientras un soldado intentaba subir una escalera para llegar a la cubierta, fue tumbado bruscamente por otros dos hombres que intentaban subir también, a su vez ellos también fueron tumbados por otros hombres por la misma razón. Todos peleaban aterrorizados por la única escalera que llevaba a la cubierta.

En la cubierta estaban los oficiales, quienes gritaban pidiendo orden, pero los hombres allá abajo, en un estado de pánico, no escuchaban. Dado que el agua continuaba subiendo, todos los hombres estaban en peligro de perecer si no se restauraba el orden pronto. De repente, una serie de tiroteos se escuchó por el aire, disparada por uno de los oficiales en la cubierta que tomó un rifle y disparó hacia abajo, matando varios soldados. Pero su acción inmediatamente detuvo el pánico, y el resto fueron salvados.

### El Principio de la Sabiduría

Dios tomo un riesgo muy grande al usar Su poder y fuerza – no porque prefiriera hacer las cosas de esa manera, sino por la situación de emergencia a la que se estaba enfrentando. El libro de Proverbios dice, "El temor al Señor es el principio de la sabiduría" (9:10) – no el fin de la sabiduría. Cuando tú estás fuera de control – adorando un becerro de oro y participando en una orgia a los pies del Sinaí - los truenos del cielo podrían lograr que detengas tu comportamiento destructivo lo suficiente como para escuchar. El mensaje para cada uno de nosotros es este: Si usted escucha a Dios y le dedica tiempo, descubrirá, como lo hizo Moisés, que no había necesidad de tener miedo. (Ver Éxodo 20:20).

Cuando algo viola nuestra libertad, siempre nos lleva a rebelarnos, e inevitablemente se destruye el amor. Es imposible que el amor exista en una atmosfera sin libertad. Si no estás seguro, inténtelo con tu esposa(o). Dile a él o a ella que si no te ama, lo(a) vas a matar. Restringe las libertades de tu esposa(o) y verás lo que le sucede al amor.

La ley de la libertad es uno de los fundamentos principales del gobierno de Dios. Como Dios es amor, Él necesariamente *debe* respetar la libertad y la individualidad de sus criaturas inteligentes. De modo contrario, destruiría el amor e incitaría a la rebelión.

### Saulo de Tarso No Entendió

La ley de la libertad era una verdad que aún el apóstol Pablo no entendió inicialmente. Antes de su conversión en el camino a Damasco, Pablo era conocido como Saulo de Tarso – ¿y cuáles eras sus métodos para amonestar a los seguidores de Cristo? Saulo evangelizaba con una escolta de la guardia del templo quienes usaban la fuerza, la coerción, la tortura y el encarcelamiento en su intento de llevar a los cristianos de nuevo al Judaísmo. Inclusive sostuvo los mantos de aquellos que apedrearon a Esteban, el primer mártir. (Hechos 7:57-8:1)

Pero después de su experiencia en el camino a Damasco, cuando surgió la disputa sobre el tema de la religión, Pablo escribió en Romanos 14:5: "Cada uno esté plenamente convencido en su mente". En otras palabras, presenta la verdad con amor y entonces deja que la gente tome la decisión libremente en sus mentes (Efesios 4:15). Antes de convertirse en un apóstol de Cristo, Pablo usaba los métodos de Satanás, pero después de su encuentro con el Salvador sus métodos cambiaron y empezó a practicar la ley de la libertad.

**Cristo y La Ley de la Libertad**

Si las violaciones de la ley de la libertad siempre resultan en la destrucción del amor y en rebelión, entonces ¿porque Jesús no dejó de amar cuando alguien violaba su libertad? Cuando Cristo fue apresado, golpeado y crucificado, ¿por qué no dejó de amar – si, como se afirma, la violación de la libertad *siempre* destruye el amor?

Encontramos la respuesta en su sumisión voluntaria al abuso: Cristo nunca perdió su libertad. Cristo no fue crucificado en contra de su voluntad, sino de acuerdo a su voluntad.

En el Getsemaní Cristo había rendido su destino en las manos de Su padre y oró, "No sea como yo quiero, sino como tú" (Mateo 26:39). Cuando Pedro sugirió que Cristo no se sometiera a la cruz, Cristo lo reprochó (Mateo 16:23). Cristo estaba convencido de ir a la cruz.

Y cuando Pedro golpeó al siervo del sumo pontífice cortándole su oreja, Cristo de nuevo lo reprendió, repuso la oreja del hombre, y afirmó que si le pidiera al Padre, le enviaría doce legiones de ángeles del cielo para rescatarlo (Mateo 26:52,53). De hecho, Jesús explícitamente afirmo que nadie podría quitarle la vida sino que Él voluntariamente la daría (Juan 10:17).

Dado que Él voluntariamente entregó Su vida, la libertad de Cristo nunca fue violada. Ninguna criatura podría quitar la libertad de Dios. La única manera en la que Cristo podría haber sido crucificado era si Él se sometía voluntariamente. Por lo tanto, más que destruir el amor, la cruz fue el método para mostrarnos su amor por nosotros.

*Las primeras dos consecuencias predecibles de la violación de la ley de la libertad son la destrucción del amor y la incitación a la rebelión.* Pero si la rebelión no consigue restaurar la libertad entonces aparece la tercera consecuencia predecible de la violación de la libertad. Exploraremos esta consecuencia en el siguiente capítulo.

Capítulo 6

# Gente Sombra

*"La persona superficial considera la libertad como la liberación de toda ley o de cualquier restricción. Por el contrario, el hombre sabio ve en ella la poderosa ley de leyes" – Walt Whitman.*

El médico de cabecera de Mirta la envío a verme porque estaba preocupado que estuviera sufriendo de depresión. Tratar de obtener la historia de la mujer de 46 años fue bastante difícil. Ella se sentó con sus manos entre sus piernas, evitaba el contacto visual, y hablaba en tonos suaves sin ninguna modulación de la voz.

Si respondía algo, tendía a responder la mayoría de las preguntas con "no se" o "me imagino que sí". Después de varios minutos de silencio y de varias preguntas esta mujer moderadamente obesa que se vestía de manera sencilla empezó a develar su historia de dolor y de abuso físico por parte del esposo.

Con temor y ciertas dudas me describió un incidente en el cual su esposo le dijo que él quería la cena a las 5:00 pm.: ella había trabajado diligentemente preparando la comida, pero la sirvió a las 5:02 p.m. Mientras lloraba me relató que su esposo empezó a golpearla, rompiéndole la nariz y poniéndole un ojo negro. Y mientras la golpeaba, él decía, "Odio cuando me haces hacer esto. ¿Porque me haces hacer esto? Si solamente me sirvieras la cena cuando se supone que lo tienes que hacer, no tendría que golpearte. ¿No sabes que hago esto por tu propio bien, porque te amo?"

Cuando Mirta me contaba su historia, hice un comentario criticando a su esposo por su comportamiento. Fue entonces cuando ella me miró a los

## ¿PODRÍA SER TAN SIMPLE?

ojos por primera vez y dijo, "¡Oh no! No fue su culpa. Si yo hubiera tenido la cena lista a tiempo, él no hubiera tenido que golpearme".

*La tercera consecuencia predecible cuando uno se somete a la violación de la ley de la libertad es que se destruye la individualidad.* Cuando una persona se somete al control de otro por un periodo suficiente de tiempo, se van destruyendo poco a poco dos aspectos importantes: la identidad única que cada uno tiene y la capacidad de razonar por uno mismo. El individuo sumiso empieza a pensar como la persona que lo controla en cambio de usar su propia mente.

Mirta no era un caso inusual. Ya no pensaba por sí misma, había sometido su identidad a la de su esposo abusivo y había aceptado la versión de la realidad que él le presentaba como propia. Ella se había convertido en algo así como la sombra de su marido. La violación de la libertad no solo destruye el amor sino que instaura la rebelión; y si la rebelión no restaura la libertad, entonces la individualidad misma se desvanece y todo lo que queda es una sombra.

**La Mayoría de las Violaciones de la Libertad No Son Obvias**
La mayoría de las rebeliones no son tan obvias como las que Mirta experimentó, sin embargo pueden ser igualmente destructivas.

Jorge era un hombre pequeño que tenía alrededor de 55 años. Su cabello era blanco, y largo en su lado izquierdo. El peinaba ese largo mechón por encima de su cabeza calva como un intento inútil por cubrir la pérdida de su cabello. Aunque había ido a la universidad, poco después de haber terminado su secundaria, era un hombre que aprendía por sí mismo, una persona con bastante inteligencia y experiencia.

Era el capataz de una compañía de construcción en la que había estado involucrado desde temprana edad. Dirigía varios equipos de trabajo y había recibido hace poco un bono bastante grande por su excelente trabajo. Pero Jorge no tenía paz; sus ojos se veían tristes, como con un sentimiento de culpa y sus cejas mostraban preocupación. Su voz tenía un sonido profundo como el de un tren en la distancia, pero su eco estaba cubierto con un sonido de soledad.

Era el padre de 3 hijos exitosos, había estado casado con su única esposa por más de 30 años. Su negocio continuaba siendo exitoso y su salud estaba bien, sin embargo, el vino a verme deprimido, desesperanzado, inseguro, sufriendo de desánimo y baja autoestima. Terriblemente confundido él pensó que debería ser feliz – después de todo, él no tenía grandes problemas – sin embargo su depresión continuaba empeorando.

Luego de hablar, Jorge comentó que hace un tiempo durante una discusión en su matrimonio, su esposa amenazó con dejarlo. Dado que la amenaza lo había asustado seriamente, el decidió aceptar lo que ella decía y mantenerla calmada. Él describió escenario tras escenario en el cual él evaluaba la situación y llegaba a su propia conclusión, pero como difería de la opinión de su esposa, aceptaba lo que ella dijera por temor a como ella pudiera responder. Se molestaría, sería grosera, haría una escena, no le hablaría por días y lo peor de todo, ¿lo dejaría?

En sus 30 años de matrimonio él había vivido en un temor constante. A pesar del éxito en su trabajo, cuando regresaba a casa se consideraba un fracaso. Sin importar su forma clara de pensar y cuan buenas decisiones tomaba en el trabajo, en casa pocas veces estaba en lo correcto.

Jorge reportó que aunque frecuentemente estaba en desacuerdo con su esposa, nunca se lo expresó. El me describió cómo en muchas ocasiones rechazaba invitaciones de sus compañeros de trabajo para jugar golf o ver un partido. En vez de pensar, *¿tengo algún compromiso en mi agenda?* Jorge pensaba, *¿Qué pensará mi esposa? ¿Se molestará? ¿Me dejara ir? Me pregunto si me abandonará.* Ya no pensaba por sí mismo, filtraba todos sus pensamientos a través de la mente de su esposa. Lentamente Jorge estaba perdiendo su individualidad, su habilidad de pensar por sí mismo. En el proceso se había convertido en una sombra de su esposa.

Desafortunadamente, la ley de la libertad es muy poco entendida y quebrantada con frecuencia. Y con mucha frecuencia es violada en el nombre de Cristo. Cuan triste debe estar Él cuando ve que las personas usan Su nombre a la vez que usan la fuerza, la intimidación y el control para conseguir sus metas.

### Violaciones de la Libertad en el Nombre de Cristo

Durante mi residencia aconsejé a una mujer hispana de 35 años perteneciente a una denominación Pentecostal, que había sufrido de depresión por muchos años. Mientras trabajábamos juntos en su caso, Sofía me reveló como en su cultura particular y su grupo de fe se esperaba que las mujeres se subordinaran a sus esposos. Su denominación no permitía que las mujeres hablaran en la iglesia. Si ella tenía una pregunta, debía esperar a que llegara a casa para preguntarle a su marido. Ninguna de las juntas directivas de la iglesia tenía mujeres.

En la casa experimentaba un trato similar. El esposo era la cabeza del hogar y la esposa tenía que obedecer sus órdenes. En repetidas ocasiones ella escuchó que Dios había diseñado la sociedad de esta forma por dos razones: las mujeres habían sido engañadas y habían llevado al hombre a pecar, y aunque Dios había creado al hombre a imagen de Dios, Él había creado a la mujer a imagen del hombre. Con el pasar de los años, ella se había rendido a la constante degradación de la mujer y había permitido que su esposo la controlara.

Como la libertad había sido violada en este caso, Sofía tenía una cantidad significativa de rabia no resuelta y resentimiento hacia su esposo y hacia la deidad que había ordenado tal sistema. Para ella fue extremadamente difícil pensar por sí misma y había perdido mucha de su confianza, estima y valor propio. Mientras su individualidad se perdía lentamente, ella estaba muriendo por dentro silenciosamente. Estaba en el proceso de convertirse en una Persona Sombra, una tenue imitación de su esposo.

Mientras trabajábamos juntos en su caso, Sofía llego a entender los principios de la ley de la libertad y empezó a aplicarlos a su vida. Poco tiempo después, ella empezó a razonar por ella misma y a ejercer su individualidad y autonomía, aunque, su esposo interrumpió una de nuestras sesiones.

Entrando con su Biblia en la mano, él la puso con rabia sobre mi escritorio y dijo: "¡Dígale a mi esposa que la Biblia dice que la esposa debe someterse a su esposo! Y mientras decía eso noté que la postura corporal de Sofía cambió. Antes de que entrara su esposo ella se veía tranquila – sentada, con los ojos brillantes, sonriente, y hablando con confianza. Pero tan pronto como su esposo dio las órdenes, ella lentamente se hundió en su silla, su cabeza cayó de tal forma que su mentón toco su pecho, sus hombros se enrollaron y puso sus manos entre sus piernas. Había asumido la apariencia de estar triste, una niña con miedo, y era absolutamente claro para mí que ella temía que su esperanza de libertad estaba a punto de ser destruida.

A su esposo le respondí, "Es verdad que la Biblia enseña que las esposas deben someterse a sus maridos. Pero si usted lee el siguiente verso, la Biblia también dice que los esposos deben tratar a sus esposas como Cristo trato a la iglesia, sacrificándose por ella [Ver Efesios 5:22-25]. Ahora cuando usted empiece a sacrificarse por su la felicidad de su esposa, estoy seguro de que ella no tendrá ningún problema en someterse a ese tipo de tratamiento".

Mientras hablaba note que ella se sentó derecha, enderezo sus hombros y mostró una gran sonrisa. Afortunadamente para Sofía, su esposo realmente deseaba hacer lo que era correcto pero también era una víctima de serios malentendidos sobre Dios y sus métodos. El aceptó las sugerencias dadas y empezó a atender a la consejería matrimonial. Juntos desarrollaron una relación saludable y mutuamente gratificante para ambos que respetaba la individualidad y la autonomía.

### El Matrimonio y la Ley de la Libertad

Desafortunadamente, mucha gente buena sufre con ignorancia dentro de sus matrimonios que cruelmente violan la ley del amor y la libertad, creyendo que deben permanecer en tales situaciones destructivas. Pero Dios nunca exigió esto. Su propósito para nosotros es y ha sido nuestra sanación y restauración. Por lo tanto, El desea que nos separemos de todo lo que interfiere con Su obra en nuestras vidas.

¿Cuál es el mayor de todos los mandamientos? Jesús respondió:"Amarás al Señor tu Dios con todo tu corazón y con toda tu alma y con toda tu mente." Este es el primer y gran mandamiento. Y el segundo es semejante a este; amarás a tu prójimo como a ti mismo. De estos dos mandamientos depende toda la ley y los profetas."

¿Qué lugar ocupa la esposa en esta afirmación? ¿En la parte que se refiere a "Dios" o la parte que se refiere al "prójimo"? Claramente una esposa no es Dios. Nuestra responsabilidad está siempre con Él primero, y nuestra esposa en segundo lugar. Cuanto mejor sería el mundo si Adán hubiera recordado este hecho antes de aceptar la fruta prohibida. Nuestra responsabilidad es presentarnos a Dios en la mejor condición, para ser usados de la mejor forma posible.

Las relaciones matrimoniales que causan o permiten que se afecte la libertad, la individualidad o la autonomía en la pareja tendrán como resultado la destrucción de la imagen de Dios dentro de ellos. Y si no se consigue restablecer la libertad, la idoneidad para ir al cielo se verá arruinada. Esta es una de las trampas más sutiles de Satanás.

Cuando el amor y la liberad no pueden ser restaurados dentro del matrimonio; cuando permanecer en el matrimonio significa permitir ser dominados y controlados de una forma tal que se borra la identidad y la autonomía, entonces los cónyuges tienen una responsabilidad dada por Dios de salir de tal relación destructiva.

Muchas esposas equivocadamente creen que ellas deben someterse ciegamente al liderazgo de sus maridos (y muchos maridos promueven esta creencia falsa para mantener un control enfermizo sobre sus esposas). Pero como lo discutimos anteriormente, Dios no espera que las esposas se sometan ciegamente a sus maridos. En cambio, la escritura las llama a someterse a un tratamiento como el de Cristo por parte de sus esposos.

¿Cómo trata Cristo a la iglesia? Él vela constantemente por el bien de Su pueblo. Siempre buscando el bien de los demás, Él guía a través del ejemplo, no por poder ni autoridad. Cristo nos invita a ser sus amigos, que piensan y entienden, no esclavos que no tienen opinión y que solo hacen lo que se les instruye (Juan 15:15). Nuestro salvador obra revelándonos la verdad en amor y permitiéndonos ser libres de escoger si queremos o no seguir su liderazgo.

Dios no quiere que sometamos nuestras mentes a Su control directo. Él no quiere ser el titiritero y nosotros las marionetas. Tal relación destruiría el amor. Él quiere que sometamos nuestros corazones y mentes a Él para ser limpiados y restaurados, y solamente entonces, cuando estamos completamente convencidos al ver el peso de la evidencia, aceptar que Él es digno de confianza. Al sanarnos, nos deja libres para que podamos ser individuos que se gobiernan y se controlan a sí mismos, individuos que actúan en armonía con Sus métodos de amor y libertad (Gálatas 5:22,23).

De la misma manera, las esposas no deben someter su identidad a sus esposos para que ellos las controlen. De hecho, los esposos deben fomentar la individualidad de la esposa y promover la recuperación de la imagen de Dios dentro de ella. El esposo no debería restringir sus libertades, sino que debería ayudar a su esposa a mejorar su habilidad de pensar y razonar por ella misma. Todos somos llamados a ser seres pensantes, no simplemente reflectores de los pensamientos de otros, sombra de otros. Los esposos deben invitar a sus esposas a una amistad de entendimiento para ser compañeros inteligentes, para ser iguales en valor, amor, lealtad, devoción y autoridad, todo esto mientras cooperan juntos por el bien mutuo.

### Dios Odia Que Sus Hijos Se Pierdan

Dios creó a los humanos a Su imagen para que ellos pudieran revelar la verdad sobre Él mismo. Él diseñó el matrimonio para demostrar el amor de Dios. El divorcio es el resultado de la obra del egoísmo, y sucede cuando el amor se destruye. Dado que el divorcio tiene como resultado heridas y dolor a Sus hijos, Dios odia el divorcio (Malaquías 2:16). Sin embargo, *lo que Dios detesta más que el divorcio es la destrucción y la pérdida eterna de Sus hijos.* Los matrimonios que continuamente violan el amor y la libertad son una demostración falsa de los principios benevolentes del carácter de Dios. Tales matrimonios dan la apariencia de ser un lugar de amor a la vez que dan una mala representación de Dios y destruyen al esposo y la esposa.

### La Hipnosis Viola la Ley de la Libertad

La violación de la ley de la libertad puede suceder en diferentes situaciones. Los más destructivos, sin embargo, son aquellos que se presentan a ellos mismos como baluartes de seguridad como las familias, las iglesias, o los centros de atención en salud. Como descubrimos anteriormente, siempre que algo destruye la ley de la libertad, aparecerán patrones predecibles de destrucción, sin importar la situación o la intención.

Muchos de mis pacientes han pedido ser hipnotizados o han preguntado si la hipnosis funciona. De hecho, puede tener un profundo impacto en la mente. Pero la pregunta más importante se relaciona con el hecho de que si la hipnosis cura o debilita las facultades mentales.

La hipnosis es el proceso de suspender las habilidades de razonamiento propio y permitir que otra persona dé instrucciones, implante creencias o afecte los recuerdos sin que la mente realice una evaluación crítica. Es el proceso de evitar la acción de las más elevadas facultades de la razón y la conciencia y acceder directamente a las creencias, los recuerdos, la moral, los valores y la imaginación. Adicionalmente, desvincula la naturaleza espiritual de su papel en la supervisión de la formación de creencias, valores, moral, y su uso de la imaginación. La hipnosis entrena la mente a aceptar sugerencias sin examinar su confiabilidad.

Como descubrimos anteriormente, lo que creemos tiene un poderoso efecto en nuestro bienestar. Por lo tanto, en la medida en la que la hipnosis puede cambiar nuestras creencias, también podrá alterar la experiencia de una persona. Uno de los problemas más importantes relacionados con la hipnosis es el hecho de que ella altera las creencias sin emplear la razón, que es el poder dado por Dios para examinar lo que creemos, pesar las evidencias y libremente escoger el camino que fortalece la razón y ennoblece al individuo. Por el contrario, la hipnosis pone a otros a cargo de la mente a la vez que les entrega también su individualidad. Esto debilita los poderes de la razón, haciendo más difícil establecer y mantener la jerarquía mental que Dios ha diseñado.

Las escrituras enseñan (Hebreos 5:11 – 6:4; Efesios 4:14,15) que los cristianos con madurez son aquellos que han desarrollado la habilidad de discernir lo correcto de lo incorrecto, lo que es sano de lo perjudicial, lo bueno de lo malo. La hipnosis impide esta habilidad ya que entrena a la persona a poner a un lado la razón y la conciencia mientras confía a otra persona sus facultades mentales.

### Dios Nunca Hubiera Usado Hipnosis

Muchos cristianos sinceros oran pidiendo, "Señor, yo rindo mi *voluntad* a ti. Toma tú el control. Ya no quiero estar más al control."¿Puede Dios hacer esto? ¿Tomará Dios el control de la voluntad de alguien? ¿Aunque lo pidiera? Considere este escenario: Has conseguido un dispositivo extremadamente pequeño que puedes implantar en tus hijos. Tales dispositivos se alojaran en el cerebro y establecerán una red a la que puedes acceder por medio de una computadora usando una transmisión de radio. Seguidamente, usas la computadora para programar a tus hijos para que vengan tres veces al día y le digan que lo aman. ¿Sería esto amor verdadero? Como lo mencionamos anteriormente, siempre que la libertad es vulnerada, el amor se destruye.

De ninguna manera programar a alguien produce amor genuino, pero sí podría llevar a un mero comportamiento mecánico. Dios nunca haría esto, ya que Él es amor y quiere el servicio y la devoción que son libremente dados. La hipnosis le roba a la persona la libertad de pensar y tomar decisiones informadas. La rebelión no sucede con violaciones hipnóticas de la ley de la libertad porque el individuo que se somete a la hipnosis se ha rendido voluntariamente a ellas. La hipnosis paraliza, inmoviliza, o inactiva la razón y la conciencia de tal manera que no se reconocen la violaciones a la libertad. La hipnosis invariablemente erosiona la individualidad y la habilidad de pensar y razonar independientemente. Promueve el desarrollo de Personas Sombra – personas que han perdido su habilidad de pensar por sí mismas.

Hay una técnica que la gente con frecuencia confunde con hipnosis pero que, a diferencia de la hipnosis, puede ser de mucha ayuda. Esta técnica se llama imaginación guiada. Durante la imaginación guiada, en vez de permitir que otra persona dirija nuestras facultades mentales, el individuo aún tiene control sobre ellas. La razón y la conciencia siguen estando a cargo, dirigiendo la voluntad y activando la imaginación. Una persona puede usar la imaginación guiada para meditar en la creación de Dios, Su carácter y Su presencia.

## Dios No Destruye La Individualidad

Desafortunadamente varios de los métodos destructivos que hemos visto pueden, en ocasiones, ser tan sutiles que podemos considerarlos como la obra de Dios mismo. Pero Él nunca actúa en formas que destruyan la individualidad. En Gálatas 5 encontramos lo que las personas pueden llegar a ser cuando trabajan con Dios en su restauración y sanación. Ellos desarrollarán sus caracteres con características específicas, que la Biblia llama "frutos". Y debido a que estos surgen por la obra del Espíritu Santo, la Escritura los llama "Los frutos del Espíritu Santo" - "Amor, gozo, paz, bondad, benignidad, fidelidad, amabilidad y auto control (Versos 22, 23).

Cuando el Espíritu Santo se establece en nuestras vidas, desarrollamos autocontrol y dominio propio, en lugar de actuar como una marioneta controlada por Dios. Al ser libres, hacemos todo de acuerdo a los principios de Dios: amor, libertad, verdad y sinceridad. Es solo por medio de una relación con Cristo que podemos encontrar la verdadera libertad - libertad del temor, libertad del control de otros, libertad de la dominación de nuestras debilidades genéticas.

Capítulo 7

# La Ley del Amor

*"La ley de Jehová es perfecta, que convierte el alma. El testimonio de Jehová es fiel, que hace sabio al sencillo" Salmos 19:7*

Cuando por primera vez empecé a explorar el tema del amor, me encontré abrumado de posibilidades. Sabia, como cristiano, que el amor era central en el plan de Dios para sanar a la humanidad, pero la mayor parte de lo que leí hablaba sobre el amor como una fuerza amorfa o una emoción cálida difusa. Eso no parecía tener sentido. El problema inicial que tuve al explorar los parámetros del amor era tratar de distinguir entre el amor y sus falsificaciones y entonces tratar no solo de experimentar el amor sino de entenderlo. El pensamiento de que el amor era realmente una ley universal – un principio sobre el cual la vida está basada - estaba tan lejos de mi mente que ni siquiera podía comprender esa posibilidad inicialmente. Pero al empezar a entender las otras constantes universales, tales como la ley de la libertad, la ley del amor llegó a ser cada vez más clara.

En los dos capítulos anteriores exploramos cómo las violaciones de la ley de la libertad dañan y destruyen. Examinamos la vida de Mirta y las consecuencias que tuvo que enfrentar cuando su esposo violó sus libertades. Intuitivamente reconocemos que todas las violaciones de la ley de la libertad son violaciones del amor, pero también debemos comprender el hecho de que no todas las violaciones a la ley del amor son violaciones de la ley de la libertad.

Guillermo y Vilma habían estado casados por 43 años. Tenían tres hijos adultos y ahora estaban supuestamente disfrutando su jubilación. Desafortunadamente, su matrimonio estaba a punto de colapsar, no por infidelidad, abuso físico, o continuas violaciones de la libertad sino por la ausencia de amor – ausencia de la capacidad de pensar activamente en el bien del otro antes de actuar, ausencia de la capacidad de poner al otro en primer lugar.

Tanto Guillermo como Vilma eran miembros activos de su iglesia y nunca pensarían en hacer algo que otros considerarían como un "pecado" fragante, pero con frecuencia ellos fallaban en hacer cosas que pudieran ser consideradas como una manifestación abierta de amor. Ambos estaban constantemente buscando que sus necesidades personales fueran satisfechas, en vez de buscar satisfacer las necesidades del otro. Cayeron en la trampa de la indiferencia, en una relación en la cual ya no se preocupaban por el bienestar del otro. En vez de simplemente buscar amarse el uno al otro, ellos buscaban obtener algo del otro. Su relación era lamentable, sus corazones lentamente se iban endurecieron, y estaban dormidos emocional y espiritualmente.

El amor no se trata simplemente de evitar actividades injuriosas – se trata de elegir actuar intencionalmente de una manera edificante para el otro y hacerlo desinteresadamente. Tampoco se trata simplemente de hacer lo que se siente bien. Por el contrario, el amor involucra hacer lo que es bueno sin importar como uno se siente. Hacer lo que está en el mejor interés de otro y darse el uno por el otro, el amor no tiene egoísmo. Cuando amamos, aprendemos a vivir. Cuando dejamos de amar, morimos.

Silvia estaba nerviosa. Ella y su esposo, Felipe, estaban dirigiéndose a casa de sus padres para sacarlos a comer a un restaurante. Su padre de 83 años había estado sufriendo de demencia del tipo Alzheimer por muchos años. Mientras las habilidades mentales de su padre se deterioraban, su comportamiento empezó a ser bastante extraño e irritante para los demás. ¿Cómo trataría Felipe al padre de Silvia si este no se comportaba bien?

Tan pronto como recogieron a los padres de Silvia, su padre empezó a preguntarle a Felipe que tipo de carro tenia, de que año era, que tipo de gasolina le tenía que poner. El repitió esas preguntas más de 10 veces en menos de 15 minutos. Pero en vez de irritarse, Felipe respondió cada pregunta pacientemente con alegría y calma, mostrando un interés real y compasión por el padre de Silvia. Felipe se dio a si mismo e hizo lo correcto porque era lo que había que hacer, sin basarse en cómo se sentía. El esposo de Silvia mostró su amor en acción.

### Amar es Vivir

La ley del amor es la ley de la vida – el principio sobre el cual toda la vida en el universo está basada. Como Dios mismo es amor, El diseñó todo lo

## LA LEY DEL AMOR

que Él creó para que funcionara en armonía con su ley de amor, un círculo de beneficencia en el cual todas las cosas se dan libremente a los demás. En la naturaleza podemos presenciar este círculo en el sol que calienta los océanos, generando las nubes, que dan la lluvia que cae sobre la tierra para formar los lagos, ríos y los arroyos que fluyen por toda la tierra trayendo vida y finalmente regresa al mar para iniciar su círculo de nuevo.

Las plantas producen el oxígeno necesario para que los animales puedan vivir, y los animales, en cambio, producen dióxido de carbono que las plantas necesitan para crecer. La ley del amor es la ley de la vida. Aún en la naturaleza, cuando se deja de dar se detiene la vida. Un cuerpo de agua que deja de fluir y dar su agua se estanca, y todo lo que está en él muere. Cuando dejamos de dar nuestro aliento para beneficiar las plantas, inevitablemente morimos. Es por medio del dar que vivimos. Aquellos que aceptan y aplican la ley del amor son librados del mal. Pero cuando solo buscamos tomar, lentamente morimos. Cuando dejamos de dar, nos separamos de los canales de bendiciones – y el resultado inevitable es la muerte.

Las flores dan su polen a las abejas, las abejas fertilizan las flores y así incrementan sus frutos. Los árboles dan sus nueces a las ardillas, y las ardillas las comen, las diseminan y entierran las semillas y así incrementan el número de árboles. La ley del amor es la ley de dar – la ley de la vida.

El mundo, recién creado por la mano de Dios era perfecto, y toda la naturaleza revelaba completamente la ley del amor. Pero una vez que el pecado entro al mundo, un principio antagónico infectó la naturaleza y oscureció la clara revelación del amor de Dios. Una vez que el pecado, que es el principio del egoísmo, empañó el amor de Dios en la naturaleza, fue necesario que Él nos proveyera Su Palabra escrita para que viéramos y entendiéramos más claramente ese principio divino.

Aquellos que estudian la naturaleza sin la ayuda de la Palabra escrita de Dios con frecuencia no logran ver Su mano y en cambio ven la infección que ha empañado a Su hermosa creación. Los naturalistas frecuentemente describen la infección con la famosa frase "la supervivencia del más fuerte" – el principio del egoísmo. Charles Darwin no inventó el principio de la supervivencia del más fuerte - el simplemente observó en la naturaleza este motivo egoísta que ha destruido la obra de Dios, pero no alcanzó a comprender el verdadero significado de lo que veía.

De la misma manera los psiquiatras y psicólogos que estudian el comportamiento humano invariablemente se encuentran a sí mismos enfocándose en la infección que está destruyendo la humanidad y concluyen que es algo "natural". Freud luego de abandonar su creencia en Dios, cometió

## ¿PODRÍA SER TAN SIMPLE?

este trágico error cuando concluyó que la fuerza central en los seres humanos es el YO, el cual es simplemente la infección del egoísmo. Sin la Palabra escrita de Dios para iluminar la mente y poner en el contexto apropiado lo que observamos en la naturaleza humana, muchas personas creen que la infección que está destruyendo la raza humana es simplemente una parte normal, y por lo tanto aceptable de nuestro ser.

Imagínate viviendo en una villa en África en donde toda la población está infectada con el virus del SIDA y hay una falta de educación tal que ninguno había escuchado antes sobre esta enfermedad. Todo recién nacido está infectado con esta enfermedad y todos los adultos sufren su devastación. Todos están enfermos y moribundos. Imagínate que esta villa esta desconectada del resto del mundo, y con el pasar de los años, las nuevas generaciones olvidan como era la vida humana sin el virus del SIDA. Dentro de ellos surgen naturalistas que observan la vida humana. ¿Sería posible que ellos concluyan incorrectamente que esta infección es una parte natural de su condición humana? ¿Podría ser que ellos y la población en general lleguen a creer que la enfermedad es lo forma que se supone que deba ser?

Toda la naturaleza está infectada. Como Pablo lo dijo en Romanos 8:22, toda la naturaleza gime bajo el peso del pecado, y los virus ofrecen un ejemplo perfecto de los efectos del pecado. Ellos no eran parte de la creación original de Dios. ¿Cómo lo sabemos? Por la ley del amor. Los virus están basados en una forma biológica de egoísmo. Un virus es una pequeña pieza de código genético (ADN o ANR). No tiene capacidad de dar nada, sino que solo puede tomar para sí mismo. Cuando un virus entra a un huésped vivo, toma control de toda la maquinaria de las células y hace que estas produzcan más y más virus – es decir auto replicación, exaltación propia. Y lo hace tan extensivamente que, si no es eliminado, mata al huésped y termina matándose a sí mismo, ya que eventualmente no tiene más huésped para explotar. Qué ejemplo más preciso del camino de destrucción del pecado en nuestras vidas.

Nuestros glóbulos blancos de la sangre, por otro lado, son parte de la creación de Dios y funcionan en base al principio del amor – de sacrificio del yo. Cuando un agente infeccioso entra en nuestro cuerpo, los glóbulos blancos voluntariamente se sacrifican para poder salvarnos de la infección. ¡Qué contraste el de la diferencia entre el amor y el egoísmo, incluso a nivel celular!

Los seres humanos están infectados por el egoísmo, este es el principio motivador principal en la mente humana. Es el plan de Dios quitar el egoísmo y restaurar su ley de amor y libertad como principios centrales para el funcionamiento de nuestras mentes. A menos que suceda esta curación en la mente, el resultado inevitable será la muerte.

A pesar de que el egoísmo infecta actualmente a toda la humanidad, Dios no nos dejó sin ayuda en esta lucha contra nuestra enfermedad. ¡No! Él nos envió Su Santa Palabra y envió a Su hijo para revelar Su plan para curarnos y restaurarnos a nuestra condición original. Al leer el texto enviado por nuestro creador, podemos mejorar nuestra habilidad para distinguir entre la infección y la condición que Dios originalmente tenía planeado darnos. Así entonces podremos tomar decisiones inteligentes para cooperar con Él en nuestro proceso de curación y transformación.

### El Resultado de Violar la Ley del Amor es la Muerte

Alguna vez te has preguntado ¿por qué Dios le advirtió a Adán que si comía del árbol moriría? Fue por la ley del amor, el principio del dar sobre el cual toda la vida está basado. Cuando uno no está en armonía con esta ley, la consecuencia inevitable es la muerte - no por causa de un Dios enojado y vengativo, sino porque violar la ley del amor separa a la persona de la fuente de bendiciones y vida, y como resultado natural la vida no puede continuar. Así como un cuerpo de agua aislado de su fuente se estanca y todo en el muere, así también la mente humana que se aleja de la voluntad de Dios perecerá.

Adán recibió todo lo que estaba en el planeta excepto un árbol y su fruto. Dios se reservó el fruto del árbol e instruyó a Adán y a Eva a no comer de él, pero les dio todo lo demás que estaba en la tierra para que lo posean. Si la primera pareja valoraba el amor de Dios y quisieron demostrar su amor, ¿le hubieran robado? ¿Habrían tomado lo que no les pertenecía? O si le hubieran amado, ¿hubieran respetado su posesión y evitado comer del fruto que no era suyo?

Amar significa hacer lo que es para el mejor interés de la otra persona sin importar como se siente uno. Este es el principio de dar; y robarle a alguien viola tal principio. Robar es lo contrario a amar, lo opuesto a dar. Es tomar, aferrarse, acaparar. Tan pronto como Adán rompió la ley del amor al tomar para sí mismo y acaparó para lu exaltación propia, experimentó un cambio. En lugar de experimentar un estado superior y más noble de existencia, tuvo miedo, y su propia habilidad para amar fue dañada.

Cuando Adán comió del fruto, él cortó su unidad con Dios. En el proceso, él escogió el principio de la exaltación propia, la satisfacción propia y el egoísmo que reemplazaron a la ley del amor en su mente, cerrando su mente al flujo abundante y continuo de amor del corazón de Dios. Dios aun

## ¿PODRÍA SER TAN SIMPLE?

así amó a Adán, pero ese amor ya no volvió a vivir en el corazón de Adán.

Una vez que Adán rompió la ley del amor, todo su carácter cambió. La complacencia propia reemplazó el principio de un amor que se sacrifica, generoso y bondadoso, inmediatamente estuvo más preocupado por sí mismo, su situación, sus problemas, y sus circunstancias más que cualquier otra cosa. El miedo se apoderó de él. Su *razón* perdió su balance, su *conciencia* se dañó, y su *voluntad* ahora estaba bajo el control de sus *sentimientos*. El principio de "la supervivencia del más fuerte" ahora dominaba la mente de Adán, e inmediatamente corrió, se escondió y trató de culpar a Eva por su condición (Ver Génesis 3:12). Adán había perdido su habilidad para amar y sin intervención divina, su condición lo llevaría a la destrucción.

### La Destrucción es un Efecto Dominó

Cualquier violación a la ley del amor produce una cascada inmediata de consecuencias predecibles. Así como hacer caer una fila de dominós, una vez que se tira el primer dominó el resto sigue cayendo inmediatamente. El daño ocurre inevitablemente. Y la primera consecuencia es que daña nuestra capacidad de amar. Ya no buscamos por naturaleza el dar a los demás, en cambio nos encontramos inmersos en un deseo por satisfacernos a nosotros mismos.

Romper la ley del amor no solamente daña nuestras facultades de *razonar* y la *conciencia* sino que también empieza a convencernos de nuestros errores. Experimentamos sentimientos de autoincriminación como el miedo, la ansiedad y la inseguridad, que hacen que perdamos la habilidad de pensar claramente. Pero en vez de reconocer que el problema está en nosotros, juzgamos mal a Dios y tratamos de escondernos de Él. En vez de darnos cuenta que estamos enfermos y moribundos, muchos empiezan a creer que Dios quiere castigarnos. Tal juicio errado de Dios hace que cerremos nuestras mentes al canal de amor que fluye de Él. Sin una intervención divina nuestra condición es terminal. Por eso Dios envió a su hijo para restaurar la confianza, y quitar el temor y la duda de nuestras mentes, para que podamos cooperar libremente con Él en nuestra curación.

Debemos también recordar que aún si el amor de Dios ha estado previamente fluyendo a través de nosotros, si dejamos de amar y darnos a nosotros mismos por los demás, nuestros corazones y mentes lentamente se endurecerán, llegaran a ser cada vez más egoístas y finalmente morirán. Por supuesto, esto lo podemos ver demostrado en la vida de Adán y Eva.

Imagina el agua que fluye en los tubos de tu casa. El agua es pura, limpia y abundante que procede del acueducto municipal. ¿Pero qué le pasa al agua que está en los tubos si cierras todas las llaves y no dejas que vuelva a fluir nunca más? Sin importar cuán pura era cuando entró a su casa se empezará a estancar – no porque la fuente se haya cerrado sino porque las llaves han sido cerradas, lo cual no permite que llegue más agua pura a la casa. De la misma manera, cuando dejamos de amar y dar, cerramos el corazón y la mente y nos aislamos a nosotros mismos del ilimitado amor de Dios. Solamente podemos crecer al recibir Su abundante amor y permitir que ese amor fluya por medio de nosotros a otros.

### El Más Grande Amor

Cristo dijo, "Nadie tiene amor más grande que el que da la vida por sus amigos" (Juan 15:13 NVI). ¿Por qué el sacrificio de nuestra propia vida es el amor más grande? Porque dar la vida para salvar a otro es el final del egoísmo. El amor es el proceso de dar, lo exactamente opuesto a tomar, acaparar o buscar la satisfacción propia. La gente puede aferrarse a muchas cosas, pero cuando la muerte llama darían cualquier cosa con el fin de poder seguir con vida. Cuando alguien es capaz de entregar su vida por otra persona, entonces no hay nada a lo cual se aferraría – el amor ha reemplazado el egoísmo.

### Los Diez Mandamientos y el ADN

El principio del egoísmo esta en conflicto con el principio del amor. La satisfacción propia y la auto-exaltación se oponen a los métodos de Dios de amor y libertad. Dios creó nuestro planeta y la humanidad en particular como la muestra de Su ley - Su método de hacer funcionar el universo. Podemos entender la ley del amor y la libertad completamente solo cuando la vemos en acción en un ser vivo inteligente. Leerlo en una piedra nunca revelaría su verdadera naturaleza. Debe ser visto en acción.

Recientemente en las noticias escuchamos sobre batallas legales relacionados a mantener la exhibición de los Diez Mandamientos en lugares públicos. He oído que algunas personas proclaman que los Diez Mandamientos son la última palabra sobre la ley de Dios. Pero tales individuos mal interpretan su ley. Los Diez Mandamientos son solamente una transcripción de la ley de amor y libertad de Dios – un tenue reflejo de la totalidad de su ley.

Los Diez Mandamientos son como el código ADN. Podemos documentar la secuencia específica de ADN, ofreciendo una transcripción precisa de ciertos aspectos del individuo. Pero, ¿podremos conocer a la persona completamente – el sonido de su risa, cuan brillante es su sonrisa, el calor de su amor – con solo estudiar su ADN? De la misma manera los Diez Mandamientos son un tenue reflejo de la ley de amor y libertad de

## ¿PODRÍA SER TAN SIMPLE?

Dios. Solo estudiar los Diez Mandamientos nunca revelará la ley de Dios completamente. En cambio, necesitamos ver la ley de Dios en carne propia.

Dios creó la humanidad para ser un recipiente de su ley de amor. Fue recién después de la caída de la raza humana cuando se borró la ley de amor de la mente y fue necesario ponerla en piedra en un intento para despertarnos de nuestra condición de enfermedad. Pero es el plan de Dios restaurar Su ley de amor y libertad en nuestras mentes. Con respecto al nuevo pacto, el autor del libro de los hebreos, citando al profeta Jeremías dice, "Este es el pacto que haré con la casa de Israel después de aquellos días, dice el Señor. Pondré mis leyes en las mentes de ellos, y sobre su corazón las escribiré" (Hebreos 8:10).

**Amor Fraternal**

Aunque el pecado estropeó la creación y ahora sólo se puede ver tenuemente en ella el amor que existe en el corazón de Dios, aun podemos ver su amor evidenciado en nuestros padres, nuestros hijos, nuestros hermanos y hermanas, nuestros amigos y compañeros. El amor fraternal en términos humanos es lo más parecido que podemos ver al amor de Dios. Esta es la razón por la cual Dios diseñó la familia para reflejar la relación que existe entre la divinidad misma y entre la divinidad y Su creación.

Los padres son llamados a tener un amor muy íntimo entre ellos, tan cercano, tan privado que los dos llegan a una unidad de mente, corazón, propósito, disposición y voluntad. Llegan a confiar el uno en el otro, a ser confidentes y amigos. Pero debido al egoísmo, aun el matrimonio más armonioso es un tenue reflejo del amor y la unidad en la divinidad.

Por fuera de la unidad de los padres están los hijos, que son la consecuencia y expresión del amor de los padres. Al ir creciendo el amor de los padres, ellos se unen y dan de sí mismos para crear su descendencia. Esta nueva creación – una extensión de su amor - llega a ser el objeto de su atención y su afecto.

Los padres entonces dedican todos sus recursos para la salud y bienestar de sus hijos. Esto refleja el cuidado constante del Padre, el Hijo y el Espíritu Santo velando por Su creación. Y así como los padres se sacrifican a sí mismos para salvar a su hijo, de la misma manera Dios se ha sacrificado a sí mismo para salvarnos a nosotros.

Dentro de la relación matrimonial Dios diseñó la experiencia de unidad para que fuera llenada de paz perdurable, continua confianza y un intenso sentimiento de alegría y placer. Sin embargo no fue su plan que tales sentimientos fueran un fin en sí mismos, sino el resultado hermoso del sacrificio propio, el compartir, el hacer lo correcto y el interés por el otro.

Una vez que Adán falló en su propósito original como corona de la creación - la obra maestra para revelar la ley de amor y libertad de Dios al resto del universo, para demostrar sus métodos y principios – había un paso más que Dios podía tomar para revelarse a sí mismo y su ley viviente. Dios llegó a ser uno con nosotros, y en forma humana Él fue el depositario de Su ley, demostrando su altura, su profundidad, su anchura y su eternidad. Cristo mostró los métodos de Dios para gobernar el universo. Por medio de su vida Él reveló a Dios.

**El Amor Cura**

El plan de Dios es tomar a la humanidad destruida por el pecado, nacida con inclinaciones naturales hacia la satisfacción propia, infectada con la ley del egoísmo, y restaurar en nosotros Su ley de amor y libertad. El Señor no quiere simplemente poner su ley en la mente como una idea que debe ser creída, sino que desea re-crearnos completamente a su imagen para ser canales vivos de Su amor. Su ley de amor permeará todo nuestro ser y llegará a ser la fuente de toda acción. Él quiere levantarnos de nuestra condición caída de egoísmo, de la esclavitud al miedo, la inseguridad y los sentimientos, para que podamos volver a ocupar nuestro lugar de nobleza en el orden de Dios. Al quitar el egoísmo de nuestras mentes, Él restaurará en nosotros la ley viva del amor y la libertad. Entonces, nuevamente seremos amigos de Dios, capaces de sacrificarnos a nosotros mismos, inteligentes y auto controlados – seremos los receptores de Su gran ley de amor y libertad.

Capítulo 8

# Falsificaciones del Amor

Cuando yo era joven, hubiera querido conocer la verdad sobre la ley del amor y la liberad como se ha descrito en los capítulos anteriores. Me hubiera ayudado a evitar tanta aflicción y dolor. Pero desafortunadamente, como la mayoría de personas, yo no entendía el amor, y por lo tanto, tome decisiones de las cuales me arrepiento. Como muchos, había aceptado una idea falsa sobre el amor y pasé por el dolor de los resultados cuando cometí tales errores. Para aquellos que herí por mi falta de amor, realmente lo siento mucho. Si pudiera cambiar la historia y deshacer el dolor que causé, lo haría, pero no puedo hacerlo. Por eso hago lo que puedo: aprender de mis errores y corregir lo que puedo y por la gracia de Dios compartir estas verdades para ayudar a otros. En este capítulo vamos a explorar las falsificaciones del amor y los factores comunes que interfieren para experimentar completamente el poder sanador de la ley del amor y la libertad.

### El Amor No Es Controlador

¡Bip! ¡Bip! ¡Bip! Mi teléfono sonó y me despertó. El número que aparecía en la pantalla era muy familiar para mí: La Unidad de Cuidado Intensivo (UCI) en el centro médico de Hamilton en Dalton, Georgia. Después de responder la llamada, la enfermera reportó que acababan de recibir a un hombre joven, llamado Diego, que había tratado de quitarse la vida con una sobredosis de medicamentos. El hospital quería que evaluara el riesgo de un nuevo intento en el futuro.

Cuando conocí a Diego, estaba acostado en la cama del hospital con cables del electrocardiograma repartidos en todo su pecho. Tenía también una vía intravenosa en su brazo izquierdo que estaba conectada a una máquina de infusión, y el monitor que sonaba constantemente en el fondo del cuarto. El carbón activado que se le dio para neutralizar los medicamentos que tomó le había ennegrecido los dientes, y el carbón seco era visible en su mejilla y en la bata hospitalaria que tenía puesta. Su cabello estaba grasoso y sin peinar, y su rostro se veía sin lavar y sin afeitar.

Después de unos pocos minutos de una conversación casual para establecer empatía con él, le pregunte, "¿Qué pasa en tu vida que te llevó al punto del suicidio?" Empezó a llorar y me contó que su esposa lo estaba dejando.

"Quiero que regrese. Quiero que se sienta mal por dejarme y decida quedarse. Yo la amo demasiado como para dejarla ir. Le dije que si ella me dejaba, me iba a suicidar."

"¿Porque intentaría quitarse la vida si ella no quiere estar con usted?"

"Porque yo la amo".

Aunque Diego claramente tenía sentimientos fuertes por su esposa, su comportamiento estaba lejos de ser amor. De hecho, violaba la ley de amor y la libertad. Su centro de atención no estaba en la salud, bienestar y felicidad de su esposa, sino en sí mismo. Su motivación estaba basada en egoísmo, no en amor. Si se quedaba simplemente porque tenía miedo que él se hiciera daño, su amor por él moriría, y el resentimiento crecería en su lugar.

### La Palabra Amor Tiene Tantos Significados

El verdadero amor es difícil de encontrar debido a las muchas falsificaciones que se hacen pasar por amor. En el idioma inglés es aún más difícil porque la palabra amor tiene muchos significados y connotaciones. Nosotros "amamos" a nuestros automóviles, "amamos" ir al cine, "amamos" nuestro equipo de futbol. Este tipo de amor es extremadamente centrado en el yo y puede también puede ser conocido como "apego" o "identificación".

Nuestra pasión por tales objetos o actividades deriva de la satisfacción y la exaltación propia. ¿Porque amamos nuestros Mercedes-Benz? ¿Por la forma en la que nos hace sentir? ¿Por el estatus? ¿Porque amamos los equipos deportivos de nuestra universidad? Porque hemos tenido un sentido personal de identidad e inclusive hemos unido parte de nuestro valor personal a su éxito. ¿Ahora, que pasa cuando sus equipos están perdiendo? Entre más amamos nuestros equipos, mas egoístas llegaremos a ser. Tal amor es materialista, centrado en sí mismo y fugaz y obviamente no consistente con el amor de Dios.

### Eros

## ¿PODRÍA SER TAN SIMPLE?

"Cuando el deseo, habiendo rechazado la razón y controlado el juicio que lleva a hacer lo correcto, es puesto en la dirección del placer inspirado por la belleza, y cuando de nuevo, bajo la influencia del deseo es movido violentamente hacia la belleza de las formas corporales, entonces adquiere un sobrenombre a partir de esta acción violenta, y es llamado amor." (Sócrates)

Esta forma de amor irracional, emocional y sensual es el amor erótico. Frecuentemente este tipo de amor tiene éxito en llevar a muchas víctimas a su red de destrucción. Pero la pregunta es: ¿Puede el amor verdadero rechazar la razón y destruir el buen juicio?

El erotismo falsifica el amor en varias maneras que incluyen la pornografía, varias perversiones y la lujuria. El "amor" erótico es la base del adulterio, sin importar cuán apasionadamente "enamorado" se dice estar cuando se comete adulterio. El verdadero amor nunca daña o destruye, ni es infiel, ni miente o explota.

Aunque el erotismo es bastante exitoso en seducir a los individuos a participar de él, cuando se les pregunta a las personas que lo experimentan, ellos raramente lo aceptan como amor verdadero. Vemos esto en el hecho de que la mayoría de personas que se complacen en el amor erótico, están de alguna manera, avergonzadas y tratan de esconderlo. Ningún padre que yo haya conocido les dice orgullosamente a sus hijos que él concurre a bares con mujeres semidesnudas o es adicto a videos pornográficos. Al igual que ninguna madre que yo conozca les cuenta alegremente a sus hijos que le ha sido infiel a su esposo. Cuando se analiza el "amor" erótico, raramente se confunde con el amor verdadero.

### Dependencia

Pero si hay una falsificación que frecuentemente se confunde con el amor verdadero, y por lo tanto, es la más destructiva de todas las falsificaciones. Esta tan bien camuflada que de hecho muchas personas lo aceptan como amor verdadero. Esta falsificación se conoce como dependencia.

¿Qué es la dependencia? Una relación basada en una férrea necesidad centrada en el yo, no en el amor mutuo y el respeto. Ocurre cuando una persona considera a otra persona como la fuente de satisfacción de un anhelo interno como la paz, la seguridad, la confianza propia, el bienestar o el valor propio. Fundamentar una relación en tal necesidad interna impedirá la habilidad de dar, porque la persona busca esta relación solamente para poder satisfacer un interés personal.

En las relaciones de dependencia los sentimientos son extremadamente intensos pero también son generalmente erráticos e inestables. Las relaciones caracterizadas por la dependencia son similares a una montaña rusa, siempre moviéndose entre puntos extremos, de arriba para abajo. Generalmente, esta relación envuelve una atracción intensa y una excitación seguida de una irritabilidad severa y discusión, acompañadas por períodos cortos de calma.

Dado que tales personas son dependientes, ellos necesitan a la otra persona para poder tener seguridad interna o un sentido de bienestar, así que ejercerán presión para controlarlos y mantener la relación. Como tal comportamiento viola la libertad, siempre llevará a la rebelión. La parte dependiente toma la rebelión como una amenaza de abandono o pérdida, y la inseguridad se incrementa, llevándola a una necesidad aún más grande de control y apego. El resultado es un círculo vicioso.

El matrimonio de Diego era exactamente como este tipo de relación, caracterizada por intensos sentimientos de atracción y necesidad seguidos por la manipulación y el control, con una inevitable desintegración del ser cuando la relación llegaba a un fin.

### La Dependencia Es Como un Buzo de la Marina

Imagina el caso de un buzo de la marina, similar al descripto en la película "Hombres de Honor" protagonizada por Cuba Gooding Jr., y Robert De Niro. En la película, usaban trajes con tubos de aire que iban a la superficie. Allí arriba, unas bombas les proveían aire a los buzos que se encontraban abajo. Si fueras uno de esos hombres, serías dependiente de aquellos que están en la superficie para obtener aire. Si alguien de la superficie te dijese que te pares en un pie o te corta el suministro de aire, tu ¿qué harías? Y si quisieras ir a la derecha, pero el barco girara a la izquierda, ¿qué decisión tomarías? De la misma forma sucede en una relación dependiente en la cual la libertad verdadera no existe. Pero dado que la necesidad es tan grande, sentimientos intensos se asocian con la persona hacia quien está dirigida la dependencia.

Imagínate que te estás ahogando en el agua y entonces alguien te acerca un tubo para que puedas tener aire mientras estás sumergido. ¿Valorarías a esa persona? ¿Tendrías sentimientos intensos por ella? ¿Quisieras apegarte a él o a ella? ¿Y cómo te sentirías si él o ella deciden ir y llevarse el tubo que te daba aire?

Las personas pueden llegar a ser tan dependientes del apoyo emocional de otras personas, que experimentan la amenaza de pérdida de su fuente con el mismo temor y ansiedad que aquellos buzos sentirían si alguien amenaza con cortarles el suministro de aire. Se siente como si fueran a morir. Como su ansiedad es tan intensa, las personas en relaciones dependientes se van a los extremos y toman medidas desesperadas para probar su "amor" a aquellos

## ¿PODRÍA SER TAN SIMPLE?

de quienes dependen y así convencerlos de que no los abandonen. Y si sus muestras de afecto no son correspondidas, frecuentemente, las personas dependientes amenazan con herirse a ellos mismos o a aquellos a quienes están apegados – todo esto diseñado para retener el control de la persona de quien tienen necesidad.

Esta era la situación en la que Diego se encontraba. Él se aferraba a su esposa para poder sentirse bien. Sin ella, el sentido de vacío y de desintegración personal llegó a ser tan grande que fue capaz de poner en riesgo su vida como un intento para mantener el control sobre ella. Pero si la esposa de Diego se hubiera quedado por su amenaza de suicidio, ella hubiera perdido su libertad y hubiera llegado a ser una prisionera de sus amenazas. Eventualmente ella habría desarrollado un resentimiento y una rebelión y el matrimonio estaría condenado al fracaso.

**La Dependencia es Como Dos Gemelos Siameses**

Considere a dos gemelos siameses unidos por la cadera. Las personas que crecen en esta condición llegan a considerarla como normal. En toda su vida de gemelos siameses siempre existe una lucha por el control, al mismo tiempo que tampoco pueden vivir el uno sin el otro. Al presentarse la posibilidad de separación, ellos reaccionan con temor e inseguridad, ya que nunca han funcionado por separado. Cada uno siente que van a perder una parte de ellos mismos, cuando en realidad van a perder solamente la parte del apego malsano hacia el otro. El proceso real de separación es doloroso pero no es destructivo, y de hecho tiene como resultado una curación personal y un aumento en el sentimiento de autonomía.

Aquellos que están en relaciones dependientes experimentan muchos síntomas similares. Intentar romper el apego malsano frecuentemente se siente como si estuvieran perdiendo una parte de ellos mismos y frecuentemente el resultado es resistencia a la separación. Cuando los apegos malsanos se han solidificado, cortarlos es frecuentemente doloroso. Pero romper apegos insalubres no significa perder a la otra persona, solo la dependencia con toda su carga emocional asociada al control.

En el caso de los gemelos siameses, luego de la separación ellos aún pueden compartir tiempos juntos, pero ahora será porque ellos *libremente escogen* hacerlo, no porque *tengan que* hacerlo. Y después de romper la conexión insalubre, los gemelos siameses pueden participar en muchas más actividades de las que ellos podían disfrutar cuando estaban unidos. Pueden andar en bicicleta juntos, jugar a las escondidas, y mucho más. De la misma manera cuando una relación se deshace del componente de dependencia, puede crecer, y como individuos son capaces de involucrarse en muchas más experiencias saludables.

### Los Orígenes de la Dependencia

¿Cuándo empezó la dependencia? Todos los niños tienen un deseo natural dado por Dios de ser amados y aceptados por sus padres. Es un reflejo del amor y confianza que debemos tener con nuestro Padre Celestial. Pero de la misma manera todos los niños están infectados desde su nacimiento con el egoísmo, el cual distorsiona e impide que el amor sano sea experimentado y expresado.

Dependiendo de una multiplicidad de factores entre los cuales están las pautas de crianza, el temperamento del niño, el ambiente, la estructura biológica del niño, sus elecciones personales y su vida espiritual, el elemento contaminante del egoísmo puede crecer exponencialmente más fuerte y el amor saludable puede nunca echar raíz. Los padres tienen la responsabilidad primordial de criar a sus hijos de una forma tal de inculcar el amor sano en sus mentes y erradicar el egoísmo. Desafortunadamente, eso no siempre sucede. Cuando el amor sano no emerge exitosamente y a cambio domina el egoísmo, la dependencia es la consecuencia más frecuente.

Antes de seguir, quiero clarificar cuales son las responsabilidades de los padres que puedan estar luchando con hijos rebeldes. Los padres no son responsables de los resultados en la vida de sus hijos. Ellos deben dar cuenta por su conducta como padres. No son responsables porque los niños tienen libre elección y porque existen muchas influencias ajenas a los padres. Sin embargo los padres siempre serán responsables por sus propias decisiones y acciones.

Sin embargo, habiendo dicho esto, la influencia de los padres es significativa y debe ser tomada seriamente. Una mala paternidad dañará a los niños, haciéndoles más difícil desarrollar caracteres sanos. Pero aún cuando la paternidad no es solo insalubre sino que también abusiva, el niño puede experimentar la curación de las heridas del abuso y finalmente llegar a ser sano completamente. Una buena paternidad no garantiza buenos resultados, pero provee ventajas significativas para alcanzar tal meta. De la misma manera, una mala paternidad no garantiza un mal resultado, pero crea desventajas que favorecen un resultado negativo.

Todos los niños desean la aprobación y aceptación de sus padres. En las familias disfuncionales, sin embargo, el deseo de afirmación de los padres no se consigue de la manera apropiada. La disfuncionalidad básica consiste en un egoísmo sin oposición de parte de los padres que tiene como resultado

## ¿PODRÍA SER TAN SIMPLE?

individuos buscando suplir sus necesidades de padres a partir de sus hijos en vez de buscar sacrificarse a sí mismos para suplir las necesidades del niño. Un mal padre envía señales mixtas de aprobación/desaprobación, generando inseguridad en el niño. Estas señales encontradas causan que el niño fracase en formar el concepto apropiado interno del yo y a cambio le enseñan a mirar a sus padres para obtener aceptación externa. Esto trae como consecuencia un anhelo intenso por amor, afirmación y aceptación.

El niño usa su energía buscando la aprobación de sus padres y sus padres usan el anhelo del niño como una fuente constante de control y manipulación. El niño crece con una ambivalencia hacia los padres. La intensa búsqueda por aprobación de los padres se alterna con resentimiento y rabia. Los sentimientos destructivos y hostiles hacia los padres llevan a la culpa. La culpa está acompañada del temor que, si los sentimientos de rabia y resentimiento son llevados a cabo, el niño perdería a sus padres y nunca conseguiría la afirmación que tan desesperadamente anhela.

En las familias disfuncionales, desafortunadamente, los niños nunca reciben la afirmación que ellos buscan. Los niños pequeños idealizan a sus padres. Esto significa que ven a sus padres como personas casi perfectas, con habilidades casi sobrenaturales. Por lo tanto, cuando el rechazo ocurre, el niño o la niña llegan a la única conclusión que pueden: "Si mi padre es perfecto y yo no soy aceptado, entonces debe haber algo malo en mi". El niño es incapaz de reconocer que el padre o la madre son el verdadero problema.

Imagínate saliendo del supermercado y viendo en el estacionamiento a un hombre de 50 años de edad diciéndole palabras ofensivas y vulgares a una niña de 5 años. Él le dice las palabras más agresivas y degradantes que puedas imaginar. Piensas inmediatamente, "¿Qué niña tan mala"? ¡No! Usted instantáneamente reconoce que el hombre tiene problemas. ¿Pero cómo cree que se siente la niña de 5 años? ¿En qué pensará? ¿Y qué tal si el hombre es su padre? Muchas personas van por la vida como una niña de 5 años. Siempre que alguien los amenaza seriamente, tienden a creer que hay algo malo en ellos. Recuerden a la mujer en la introducción de este libro – ese era uno de sus problemas. No solamente tenía a alguien que la llamaba usando nombres ofensivos, sino que también la trataba de mala manera. Ella nunca se dio cuenta que su problema no era con ella sino con el hombre que la abusaba.

Este patrón de relacionamiento con uno mismo y con otros se establece en familias disfuncionales antes de que los niños desarrollen la habilidad mental de hacer una introspección y razonar las cosas. Por ese motivo ellos actúan dentro de esta perspectiva aun sin llegar a ser conscientes del problema. La familia disfuncional entrena a los niños a depender de la opinión de otros

# FALSIFICACIONES DEL AMOR

o a tomar la retroalimentación de otros como el parámetro para evaluar cuan valiosos son. Ellos inconscientemente aceptan la falsa creencia de que las opiniones de otros son más importantes que la verdad.

Los niños en tales situaciones sienten como si ellos estuvieran de alguna manera incompletos y recorrerán grandes distancias para tener la aceptación que tan desesperadamente buscan y que nunca consiguen ni la conseguirán de los demás. No importa cuán maravillosa sea la validación externa, nunca es suficiente, ya que ellos han formado una identidad basada en las experiencias inconsistentes de su niñez. Desafortunadamente, tales niños usualmente no logran reconocer que el problema no está en ellos mismos sino en la forma en que fueron criados. Como resultado de esto permanecen atrapados en una autoimagen distorsionada.

### La Dependencia Es Como Tratar de Obtener Leche de un Toro

Imagínese visitando una granja y yendo en cada mañana a sacar leche de un toro. No importa cuán desesperadamente quiera la leche; el toro no puede darle algo que no tiene. Pero vamos a decir que tú no sabes nada sobre las granjas y no te das cuenta que los toros no producen leche. Con esta idea en mente, podrías llegar a la conclusión que la inexperiencia es la causa del problema y regresar el siguiente día para seguir intentando conseguir leche.

La falta continuada de éxito hace que te desesperes. De repente, encuentras una explicación a tu problema; recuerdas haber leído que a los toros no les gusta el color rojo. Te das cuenta de que has usado una camiseta roja cada vez que has ido a sacar leche del toro, así que ahora empiezas a vestirse de otros colores. Pero aun no consigue sacar la leche.

Lo siguiente que recuerdas es que a los animales les gusta la música, así que traes un equipo de sonido y reproduces una variedad de canciones, pero aun no consigues leche. En ocasiones empiezas a rogarle al toro, sin ningún resultado. Al traer una comida especial, esperas que un cambio en la dieta haga que el toro produzca leche, pero de nuevo tus esfuerzos no producen ningún resultado.

A esta altura, no solamente estás frustrado sino molesto. Por algunos instantes consideras dispararle al toro, pero mientras este pensamiento está en tu mente, una explosión de sentimientos, como el sonido del silbato del tren, te grita desde su interior: *Si hago eso, nunca podré obtener leche.* Y entonces sientes una culpa terrible y comienzas el proceso de nuevo.

¿Cuál es el problema en este escenario? La dificultad para ver la verdad: ¡Los toros no producen leche! Muchos de mis pacientes tienen dificultades para aceptar la realidad de que ellos tienen padres incapaces de darles la afirmación, el amor y la aceptación que ellos necesitan. Esto los deja continuamente vulnerables a las manipulaciones de sus padres, y constantemente y crónicamente inseguros al continuar creyendo que el problema está en ellos.

Imagina en nuestro ejemplo que el toro es inteligente. ¿Sera posible que dado que el toro disfruta su atención y cuidado especial, él podría llevarte a creer que un día – si sigues adelante con tus esfuerzos – obtendrás leche de él? Desafortunadamente, muchos seres humanos son así. Al estar centrados en ellos mismos no son capaces de dar apoyo a otros. Ellos disfrutan la atención que consiguen de otros al tratar de conseguir su aprobación, y de esa manera llevar a la persona dependiente a asumir que un día tal vez ellos podrían recibir el amor y la afirmación que desean.

De regreso a la granja, finalmente reconoces que los toros no dan leche. ¿Significa esto que nunca vas a tener nada que ver con el toro? Por supuesto que no. Aún puedes tener el toro para que empuje una carreta. La diferencia es que, dado que no necesitas nada de él, ya no eres prisionero del animal. Ahora puedes ir y venir libremente.

### La Dependencia Hace Difícil Tolerar la Ira de Otros

Cuando alguien es importante para nosotros, es difícil colocar límites y decir que no, especialmente cuando sabemos que la otra persona no estará feliz con nosotros al hacerlo. Enfrentar la rabia de otros es extremadamente incómodo, aun cuando hacemos lo que es correcto. Esto es especialmente cierto cuando nuestros padres nos han condicionado a necesitar su aprobación disfuncional. Ignorar el problema podría parecer más fácil que enfrentar la situación. Pero las consecuencias son aún peores. El problema sigue creciendo y finalmente cuando se le presta atención es mucho más grande que lo que era.

La dependencia es un ciclo de desesperanza destructivo ya que tal comportamiento viola la ley de amor y libertad de Dios. El desafortunado resultado es una gran pérdida de la autoestima, el valor propio y la autoconfianza acompañada por una necesidad creciente de una validación externa. Por lo tanto, los individuos que se encuentran en ella continúan siendo vasijas vacías buscando ser llenadas del apoyo emocional de otros. Pero dado que son incapaces de retener ese apoyo nunca logran experimentar una verdadera estabilidad y bienestar. Aquellos que tienen el rol de proveer apoyo eventualmente se agotan al llegar a su límite. La persona dependiente entonces interpreta está pérdida de apoyo como un rechazo y responden con una hostilidad y rabia desbordantes. Tal es la dependencia, la gran falsificación del amor.

# FALSIFICACIONES DEL AMOR

### El Amor No Llega Naturalmente

Cuando les pregunto a mis pacientes como pueden decir si es amor verdadero, muchos responden diciendo, "De acuerdo a como se siente". Pero como ya lo descubrimos anteriormente, los sentimientos son poco confiables y frecuentemente nos pueden engañar. Muchos de nosotros, por ejemplo, hemos experimentado la confusión de pensar que estamos enamorados para darnos cuenta más adelante que estábamos equivocados.

Los seres humanos no poseen naturalmente el verdadero amor. Este amor es opuesto a nuestros deseos naturales de egoísmo, a nuestra herencia genética, a nuestro egocentrismo y al yo. El verdadero amor es el principio de hacer lo que es mejor para la otra persona, el principio de dar – de hacer el bien, sin importar como se siente uno.

¿Padres, recuerdan cuando llevaron a sus hijos pequeños para que les aplicaran las vacunas? ¿El sentimiento era agradable para ti y para tu hijo? ¿Entonces porque lo hiciste? Porque tu razón y tu conciencia reconocieron que colocar las vacunas era lo mejor para tu hijo. Y porque amas a tu hijo, permitiste que alguien introdujera una aguja en el brazo de tu hijo aunque eso le causó dolor. Pero el dolor no era el objetivo final – simplemente era algo inevitable para poder obtener la vacuna.

¿Crees que tomaste algunos riesgos que quizás tu hijo pequeño no pudo entender? Desde la perspectiva del niño, ¿cómo te imaginas que fue el hecho de que le pusieran una vacuna? "¿Mami, papi, porque están haciendo esto? ¿Porque permiten que ellos me hieran? ¿No me aman?

¿Pero por el amor a tus hijos, no estuviste dispuesto a ser malinterpretado para poder hacer lo que era mejor para ellos, aun cuando no te sentías bien haciéndolo? Así es como funciona el amor. Algunas veces se siente bien, mientras que otras veces puede doler. Pero el amor siempre sana, siempre da protección, siempre ayuda a crecer, nunca destruye, nunca busca lo suyo. El amor verdadero no está motivado por sentimientos.

### El Amor Hace Lo Que Es Correcto

Piensa en Cristo en el jardín del Getsemaní. Él estaba a punto de sufrir la cruz, el mayor acto de amor conocido en toda la historia, ¿y cuáles fueron sus sentimientos? Él sentía angustia. Agonizaba. Sufría (Ver Mateo 26:36-44; Marcos 14:32-42; Lucas 22:39-46). Si Cristo hubiera basado Sus acciones en cómo se sentía, Él no hubiera ido a sufrir la cruz. El amor no es un sentimiento, sin una acción que está por encima de los sentimientos.

Cuando amamos a otros, estaremos dispuestos a arriesgarnos a ser malinterpretados para poder hacer lo que es lo mejor para ellos. Dios hizo

## ¿PODRÍA SER TAN SIMPLE?

esto en todo el antiguo testamento. Muchas veces Él levantó Su voz para poder tener la atención de Sus hijos rebeldes, porque los amaba y no quería que ellos se destruyeran. Sin embargo, considera el riesgo que tomó. Muchos pudieron haber concluido que Dios es un ser severo, vengativo, arbitrario que pide ser calmado. De hecho, muchos han dicho que Dios era así. Pero el amor hace lo que es correcto y razonable porque es correcto y razonable no por lo que los otros puedan pensar.

El verdadero amor surge del conocimiento de Dios. Cuando lo conocemos, como es nuestro privilegio, nuestro corazón se conmueve en admiración y adoración por el gran sacrificio que Él hizo para poder alcanzarnos. El reconocimiento de las grandes decisiones que Él tomo sobre sí mismo nos llena de gratitud en nuestros corazones. El aprender a conocerlo, nos lleva a amarlo, admirarlo, respetarlo y confiar en Él. Aprendemos Sus métodos y principios, y entonces empezamos a practicarlos en nuestras propias vidas. Nuestro deseo de ser fieles a lo que es correcto y verdadero eventualmente sobrepasa nuestra preocupación por nosotros mismos, y empezamos a caminar en un plano de existencia superior, libre del temor e inseguridad. Dios nos recrea por dentro y nos da el poder que permite avanzar y crecer continuamente.

### El Amor Es Lo Opuesto a la Dependencia

El amor cura, mientras la dependencia destruye. El amor libera, mientras la dependencia siempre busca controlar. El amor da, mientras que la dependencia constantemente toma. En el amor no hay temor, mientras que la dependencia está basada en él. El amor se interesa en el otro, mientras que la dependencia se interesa en el yo. El amor es estable, mientras que la dependencia fluctúa. El amor es ordenado y confiable, mientras que la dependencia es caótica y poco confiable. El amor está basado en un principio, mientras que la dependencia está basada en sentimientos. El amor es consistente, mientras que la dependencia es inconsistente. El amor es honesto y verdadero mientras que la dependencia es deshonesta y engañosa. El amor es paciente, mientras que la dependencia es impulsiva. El amor es amable, mientras que dependencia es cruel. El amor perdona, mientras que la dependencia guarda rencor. El amor busca proteger al otro, mientras que la dependencia explota. El amor sacrifica el yo, mientras que la dependencia sacrifica a otros. El amor nunca termina, mientras que la dependencia no perdura. El amor no se equivoca, mientras que la dependencia nunca tiene éxito.

CAPÍTULO 9

# Fe – ¿Realidad o Ficción?

*" Es inútil que le digan a uno que no razone sino que crea – de la misma manera que se le puede decir a un hombre que no se despierte sino que duerma."*
*–Lord Byron*

Uno de los primeros objetivos de la psicoterapia es desarrollar una alianza terapéutica con el paciente. Sin confianza y fe en el doctor, el paciente no pondrá en práctica las recomendaciones dadas con el fin de traerle sanidad. Esto también es cierto en el plan de Dios para curarnos. Sin una alianza terapéutica – sin confianza o fe en Dios - no aplicaremos a nuestras vidas Su plan de curación. Por este motivo, Él ha hecho todo lo posible para ayudarnos a construir confianza y fe en Él. Entonces, ¿qué es exactamente la fe, de dónde viene, y cómo funciona?

### Yo Sé Lo Que Sé

Un famoso tele-evangelista le predicaba apasionadamente a su audiencia diciendo "Yo sé que sé lo que sé…" Mientras lo veía desde la tranquilidad de nuestra sala, pensé, *¿Cómo sabe lo que sabe?* Esperando descubrir el origen de lo que el proclamaba con tanta confianza, continúe viéndolo. Desafortunadamente, nunca lo explicó. El simplemente proclamaba que él sabía.

El tele-evangelista proclamaba tener fe, pero no exploró claramente el fundamento de lo que creía ni reveló la fuente. La forma en la que abordó el concepto de fe me hizo recordar la explicación de un niño pequeño: "Fe es creer lo que sabes que no es así" ¿Es esa realmente la esencia de la fe?

Recientemente fui a la ceremonia de graduación de un colegio

## ¿PODRÍA SER TAN SIMPLE?

secundario durante el cual una de las estudiantes de honor comentaba como su fe había sido una parte integral de su éxito en su joven carrera. Durante su disertación ella citó a H.L Mencken: "La fe es una creencia ilógica en que lo improbable sucederá". Esta definición suena muy parecida a la frase del niño pequeño. Tener fe, ¿significa creer en algo sin evidencia? ¿Creer en algo que no tiene sentido? ¿Será que tener fe implica convencerse a uno mismo de que algo es verdad, incluso cuando nuestro buen juicio nos indique lo contrario?

### Yo Sé Que Estarás Bien

Imagina que has estado enfermo por varios días con una variedad de síntomas – fiebre alta, tos, escalofríos y sudoración, dolores musculares, con un sonido crepitante en el pecho al respirar profundamente – así que vas a la sala de emergencia más cercana. Al llegar, para tu alegría descubres que el doctor que lo atiende es cristiano. Su ánimo mejora mientras describes tus síntomas y el doctor de la sala de emergencia se acerca, inclina su cabeza y ora por ti. Pero se le cae el alma cuando el médico regresa y le dice, "Luego de escuchar todos sus síntomas y después de orar, me ha sobrevenido un buen presentimiento interior de que no hay nada malo. Puedes irte a tu casa, sé que estarás bien."

¿Qué harías? Le preguntarías, ¿"Como sabes que estoy bien"? Suponte que él te responda, "Yo sé que sé lo que sé". ¿Sería eso suficiente? ¿Regresarías a casa? ¿O pedirías tener una segunda opinión?

Luego de unos instantes, otro doctor llega, escucha tu historia, revisa tu temperatura corporal, y te toma el pulso y la presión sanguínea. Saca un estetoscopio, escucha tus pulmones, ordena exámenes de laboratorio, evalúa el conteo de sangre y entonces pide una radiografía de tórax que examina cuidadosamente. Después de obtener y evaluar toda esta evidencia, llega a una conclusión: Usted tiene neumonía.

Cuando el segundo doctor le da su diagnóstico basado en evidencia exhaustiva, ¿te transmite un *sentimiento* de convicción? ¿*Sientes* seguridad? ¿*Sientes* certeza? ¿Tienes fe de que el diagnostico sea correcto? ¿Es el *sentimiento* la evidencia, o es el *resultado* de la evidencia?

El sentimiento de convicción emerge en el momento en el que la mente llega a entender la verdad. Y en la medida que aumenta la comprensión de la verdad, así mismo aumenta nuestra confianza y nuestra fe.

La mayoría de nosotros compartimos una reacción similar en tales circunstancias. Cuando el doctor nos dice el diagnóstico y reconocemos que es verdad, experimentamos una sensación de seguridad – un aumento en la fe. Nos inunda una sensación de alivio. Se siente bien – tan bien, de hecho, que muchas personas inocentemente aceptan el *sentimiento* como la verdad. Pero no es así.

### ¿Evidencia Bíblica o Sentimientos Poderosos?

Durante mi residencia uno de los residentes de mi equipo tenía convicciones religiosas extremadamente fuertes. Aunque él y yo no compartíamos creencias idénticas, pasamos muchas horas discutiendo nuestros diferentes puntos de vista. Desde un principio, al empezar a conocernos, él me dijo que creía en la versión King James de la Biblia. Basado en esto, yo pensé que pasaríamos un buen tiempo estudiando juntos. Inocentemente pensé que compartiendo un estudio profundo de la Biblia llegaríamos a una sólida evidencia Bíblica, que nos permitiría disfrutar una camaradería espiritual más cercana. Desafortunadamente, no sucedió así.

Durante nuestros estudios, él se mostraba animado al adquirir nuevas perspectivas, solo para regresar al día siguiente contradiciéndose y reafirmando lo que creía anteriormente. Sorprendentemente, nunca presentó un fundamento de lo que creía.

Poco tiempo después descubrí por qué la evidencia Bíblica tenía tan poco impacto para él. Su método para determinar lo que era verdad descansaba en una cita clave de un escritor del siglo 19: "Y cuando recibáis estas cosas, quisiera exhortaros a que preguntéis a Dios el Eterno Padre, en el nombre de Cristo, sino son verdaderas estas cosas; y si pedís con un corazón sincero, con verdadera intención, teniendo fe en Cristo, él os manifestará la verdad de ellas por el poder del Espíritu Santo; y por el poder del Espíritu Santo podréis conocer la verdad de todas las cosas".

Aunque suena poderoso al leerlo por primera vez, mi compañero lo había interpretado de la siguiente manera: Cuando quieras saber si algo es verdad o no, no necesitas buscar la evidencia, examinar la evidencia con los poderes de razonamiento que Dios te ha dado, y compararlo con revelaciones previas. En cambio, ve a tu rincón de oración y ora a Dios para que te impresione, para que te de un sentimiento de convicción que te diga si algo es verdad o no.

Esta conclusión es similar a la que sostenía el primer doctor en la ilustración anteriormente presentada en este capítulo. Recuerda que él tenía "un buen presentimiento interior de que nada estaba mal" a pesar de los síntomas obvios. El sentimiento de convicción era más importante que la evidencia. De hecho, el sentimiento de convicción fue aceptado como suprema evidencia que sobrepasaba cualquier otra evidencia.

Sin embargo, Santiago 1:13,14 nos previene contra tal subjetividad al mostrarnos su peligro potencial en otra área: "Cuando alguno es tentado, no diga que es tentado de parte de Dios; porque Dios no puede ser tentado por el mal, ni el tienta a nadie; sino que cada uno es tentado, cuando de su propia concupiscencia es atraído y seducido [o sentimientos]".

La maldad no tiene ninguna verdad de su lado. Por lo tanto, Satanás usa cualquier estrategia que puede para persuadir a las personas para que no depositen su confianza en la verdad. Mi compañero de residencia no es el único que sustituye la verdad con sentimientos. Muchos cristianos bien intencionados actúan de la misma manera al esperar una señal o sentimiento interno antes de actuar, en vez de implementar la verdad que han adquirido.

## El Camino a Emaús

Después de la resurrección de Cristo, dos discípulos que estaban caminando rumbo a Emaús recibieron la compañía de un extraño, que sabemos que era Cristo. Estaban desanimados por la crucifixión. ¿Cómo les ayudó Cristo? ¿Realizó una señal milagrosa y declaró que Él era el Salvador resucitado? ¡No! En cambio los llevo a estudiar la Biblia, revelándoles la evidencia bíblica que confirmaba quien era Él y cuál era Su misión. No les reveló su identidad hasta que ellos mismos no estuvieran convencidos por el peso de la evidencia Bíblica. Y al abrirles las escrituras sus corazones ardían (Lucas 24:13-32). En otras palabras, la evidencia dio como resultado un cambio en sus sentimientos. Nuevamente, los sentimientos no eran la evidencia. ¿Por qué es tan importante este punto? Porque cualquier persona puede hacer declaraciones, pero la verdad solo confirmara a aquellos que son verdaderos.

Bill Clinton se presentó delante de toda la nación y proclamo que él no había tenido relaciones sexuales con Mónica Lewinsky. Pero cuando ella trajo su vestido, la evidencia expuso su engaño. De la misma manera, Satanás hace afirmaciones, pero Dios tiene la verdad de su lado, y él no necesita ni quiere que creamos solo por Sus declaraciones. Si seguimos la verdad, siempre encontraremos a Dios. Como Cristo dijo: "La verdad os hará libres" (Juan 8:32).

## El Dios Más Allá Del Cielo

La guía de un estudio bíblico publicada recientemente incluía el siguiente pensamiento:

"Siempre hay una necesidad de fe, la cual es la creencia en algo que no vemos ni entendemos totalmente. Si pudiéramos verlo o entenderlo completamente entonces no habría espacio para la fe. No necesitamos fe

## FE-¿REALIDAD O FICCIÓN?

para creer que el cielo está por encima de nuestras cabezas. Podemos mirar al cielo y verlo. La fe es necesaria para creer en el Dios que vive más allá del cielo, porque no podemos verlo" [2].

Si esta es la correcta comprensión de la fe, ¿crees que cuando llegues al cielo y te encuentres con Dios cara a cara le vas a decir, "Señor, yo solía tener fe en ti pero ahora que puedo verte, ya no tengo más fe en ti"? ¿O será que tu fe crecerá un millón de veces más fortalecida que antes?

El peligro de creer sin evidencia, de aceptar las cosas basadas en sentimientos emocionales, es que abre la puerta a creer en cualquier cosa. Además, si medimos la fuerza de nuestra fe por nuestros sentimientos, entonces a la vez que nuestros sentimientos suben y bajan, así mismo será nuestra estimación del nivel de nuestra fe. Esto hará que juzguemos la presencia de Dios según nuestros sentimientos inconsistentes y concluiremos que algunas veces él está cerca y otras veces no.

### La Verdad Siempre Apoya A Dios

En este conflicto entre el bien y el mal, la verdad siempre apoya a Dios y siempre refuta a Satanás. Por lo tanto, Satanás debe persuadir a la gente a creer sin valorar la verdad y sin explorar la evidencia. Él se pone aún más feliz si puede destruir completamente las facultades mentales de la *razón* y la *conciencia*, las avenidas por medio de las cuales la verdad entra a la mente. Sin la *razón* y la *conciencia*, somos incapaces de distinguir entre lo verdadero y lo falso.

### El Espiritismo – Una Falsificación De La Fe

El espiritismo es uno de los más grandes éxitos de Satanás en su plan de falsificar la verdad y la obra del Espíritu Santo. Como descubrimos en capítulos anteriores, el Espíritu de Dios opera por medio de la revelación de la verdad a nuestras mentes en formas que podemos comprender, y entonces nos deja libres para llegar a nuestras propias conclusiones. Cuando decidimos seguir la verdad, recibimos el poder divino para afrontar la prueba. Por medio de este método, Dios está constantemente fortaleciendo y ennobleciendo nuestra naturaleza espiritual – la razón y la conciencia - y así desarrollamos creciente sabiduría y capacidad de discernir. El carácter es purificado, a la vez que se afirma una mayor estabilidad y control propio.

El espiritismo, sin embargo, es la gran falsificación de la obra del Espíritu Santo que, a cambio de curar la mente, lentamente destruye nuestra *razón* y nuestra *conciencia*. Es tan sutil que entra en muchos círculos Cristianos sin ser notado. Mucha gente se preocupa por el espiritismo, pero no saben cómo identificarlo.

Hay un denominador común que corre en todas las formas de espiritismo, ya sea brujería, tabla de la ouija, las cartas del tarot, el vudú, la magia negra, la astrología o cualquier otra cosa. Si quieres identificar el espiritismo, busca este denominador común y lo distinguirás, sin importar cuán disfrazado este. *El espiritismo es la búsqueda del conocimiento sin el uso de la razón o la investigación de la evidencia.*

Dado que la verdad contradice a Satanás, su única esperanza de éxito está en convencer a las personas a valorar otras cosas que no sean la verdad y la evidencia. Por lo tanto, Santanas invita a las personas a buscar conocimiento sin evidencia y sin depender de la *razón*. Esto resulta en una destrucción gradual de la imagen de Dios en las personas. Las personas se vuelven más supersticiosas, temerosas y llenas de incertidumbre porque la *razón* se desvanece cuando las personas transfieren su fe a las cosas que no tienen sentido.

La pérdida de la razón da como resultado cristianos inmaduros llevados por cualquier viento de doctrina. Es sólo con el ejercicio de la razón y la examinación de la evidencia que los cristianos crecen a una madurez completa, aprendiendo a discernir lo verdadero de lo falso. La verdad hace ambas cosas, nos libera y nos sana.

### La Fe No Depende De Milagros

Satanás también depende de señales milagrosas y maravillas para distraer la mente. Considera a Eva en el edén al ver el milagro de una serpiente hablando; a pesar de ser milagroso, el simple hecho de hablar no probaba que lo que decía la serpiente fuera cierto.

Imagínate que estás en una reunión de junta de iglesia donde la discusión gira en torno a dos puntos de vista con respecto al bautismo. Una persona se pone en pie, diciendo que él puede probar que el Espíritu Santo apoya su punto de vista, se acerca a otro miembro de la junta que ha sufrido de polio desde su infancia, y grita, "En el nombre del Señor, camina", entonces la víctima de polio se pone en pie y comienza a caminar. ¿Prueba esto que el punto de vista del miembro de la junta es correcto? ¡No! Los milagros pueden ser falsificados. La verdad es la verdad sin importar si está acompañada de señales y milagros. Satanás no tiene ninguna verdad, pero él es un ser sobrenatural que puede fascinar a la raza humana con milagros, los cuales engañan a aquellos que no han aprendido el valor de depender solamente en la verdad.

# FE-¿REALIDAD O FICCIÓN?

## La Fe es Clave Para la Sanación de la Mente

La fe es integral para curar la mente. Sin embargo, para poder ser curado por fe, esta debe estar basada en la evidencia, en la verdad y en los hechos. Los sentimientos pueden acompañar la fe, pero ellos no la determinan. La verdad afirma la fe. Consecuentemente, en la medida en la que nuestra comprensión de la verdad aumenta, así mismo lo hará nuestra fe.

El espiritismo, por otra parte, es una falsificación de la fe genuina, y como ya lo hemos notado, involucra la búsqueda del conocimiento sin el uso de la razón o la investigación de la evidencia. Este sacrifica la evidencia y en su reemplazo prima los factores emocionales y las señales milagrosas. Las señales milagrosas y maravillas no afirman la fe, porque ellas pueden ser falsificadas. Como ya lo hemos afirmado, la verdad es la verdad sin importar si está acompañada de milagros o no.

Cuando pienso en mi paciente que aparece en la introducción de este libro, recuerdo cuan molesta se ponía cuando las personas le pedían que confiara en ellos. Se ponía especialmente furiosa cuando alguien le decía que confiara en Dios. Creo que hubiera estado más tranquila con la idea de que la confianza en Dios debe estar basada en la evidencia que apela a la razón. Como resultado ella hubiera estado más atraída a un Dios que no demanda que simplemente creamos en Él, sino que es alguien en confiable que nos invita a conocerlo y decidir por nosotros mismos.

---

[1] Moroni 10:4,5 *El libro de Mormón*

[2] "Biografías Bíblicas, actores en el drama llamado *Planeta Tierra*," *Guía de Estudio Bíblico para Adultos*, abril-Junio 2001, P, 90

Capítulo **10**

# Restableciendo el Orden

Cuando tenía alrededor de 20 años, Laura era una mujer rubia atractiva con un cuerpo delgado y con ojos azules que parecían tener luz propia. Ella había crecido en un hogar tradicional de clase media, con dos hermanos, un gato y un perro y ambos padres en el hogar. Aunque no había recibido ningún abuso, sentía que al ser el hermano del medio, no había recibido la atención que necesitaba. Sin importar sus excelentes notas, su comportamiento modelo y los numerosos premios recibidos en el colegio, llegó a la conclusión de que no era lo suficientemente buena. Y ahora en su edad adulta, Laura tenía dificultades por sentir que su vida no tenía valor.

Uno de los problemas más comunes que enfrentan muchos de mis pacientes es el sentimiento de falta de valor. Para ayudarnos a entender cómo luchar contra estos poderosos sentimientos, vamos a tomar un ejemplo y a examinarlo a la luz de la jerarquía divina de la mente.

El error más grande que la gente comete cuando enfrenta sentimientos difíciles es el aceptarlos como verdad. La mayoría de las personas que sienten que no son valiosos, permiten que ese sentimiento tome el control de sus *pensamientos* y entonces se imaginan a ellos mismos en situaciones desmoralizantes y humillantes. Los *pensamientos* empiezan a ser influenciados por este sentimiento, y un torrente de ideas negativas corre por sus mentes: ¿Cómo puedo ser tan estúpido?" "Tú, fea y buena para nada, ¿qué te hace pensar que él va a querer salir contigo?" "Tú no puedes hacer nada bien, ¿para qué lo intentas?"

Tales ideas negativas refuerzan el sentimiento de desvaloración propia, el cual, cuando es alimentado madura, convirtiéndose en una falsa creencia profundamente arraigada. Con esta falsa creencia firmemente arraigada, la mente comienza a filtrar experiencias a través de ella. Las experiencias que apoyan este concepto propio distorsionado se repiten en la mente una y otra vez, fortaleciendo el sentimiento y la creencia de desvaloración propia. Mientras tanto la mente rechaza las experiencias positivas que deberían refutar la creencia falsa. Laura estaba viviendo una angustia mental auto impuesta. Ella se sentía atrapada y no sabía cómo encontrar la salida.

### ¿Cómo Puedes Saber Cuánto Vales?

Cristo dijo: "La verdad os hará libres" (Juan 8:32). Cuando mis pacientes muestran que tienen sentimientos de desvaloración propia, yo les planteo unas preguntas que los llevan a confrontar la situación: ¿Realmente usted no tiene valor? ¿Realmente usted no vale nada?" Sin importar la respuesta, les hago otra pregunta: "¿Como lo sabe?" Esto hace que surja el problema presente en *todos* los sentimientos: ¿Cómo puedes decir si un sentimiento está diciendo la verdad o no? Si los sentimientos pueden mentir, ¿cómo puedes determinar si los sentimientos son acertados o no cuando todos parecen ser tan reales? Yo hago estas preguntas como un intento de estimular la razón para que sea tenida en cuenta en el este conflicto mental. Debido a que la verdad entra a la mente por medio de la razón, es esencial utilizar enfoques que fortalezcan la facultad mental.

Considera esta situación: Una persona vestida con un vestido negro y usando gafas oscuras golpea a su puerta. Cuando usted abre la puerta, él le pide: "Déjeme entrar. Soy del Servicio de Inteligencia del Estado". ¿Qué harías? ¿Le pedirías identificación, o simplemente le permitirías entrar? ¿Por qué querrías ver la identificación? Porque usted quiere ver la evidencia de lo que la persona dice ser. Exactamente eso debe suceder cuando un sentimiento golpea a la puerta de tu mente: Lleve el sentimiento a la razón y la conciencia y pregunte por evidencia para verificar su validez.

Volvamos al sentimiento de desvaloración propia. ¿Qué evidencia tenemos para llegar a tal conclusión? A nivel de elementos químicos, los componentes básicos de nuestros cuerpos valen aproximadamente $25 dólares. Muchas personas pueden vender el plasma de su sangre por $30 dólares cada semana. ¿Cuánto pagan las personas por sus servicios en su trabajo? ¿Cuánto invirtieron en su educación? Tales ejemplos sencillos proveen una pequeña evidencia de que el sentimiento de desvaloración propia no es correcto. Pero la prueba más poderosa de nuestro valor viene cuando preguntamos, "¿Quién es Jesús?" El Hijo de Dios. "¿Cuánto vale Él?" Todo. Es invalorable. "¿Dio o no dio su vida por usted?" ¡Si, lo hizo!

## ¿PODRÍA SER TAN SIMPLE?

¡Estas son evidencias, no meras afirmaciones! Jesús no simplemente afirmó cuanto valor tú tenías. El dio evidencia - El sacrificó su vida. Ahora tu razón y tu conciencia reconocen la evidencia demostrando el gran valor que tienes, pero tus sentimientos continúan diciéndote que no tienes valor. Y justo ahí en la mitad, entre los dos, está la voluntad. Tienes que decidir. ¿A cuál le creerás: a la evidencia o a sus sentimientos?

### Todo Depende Del Actuar Correcto De La Voluntad

Es imperativo reconocer la importancia de la voluntad. Todo depende del actuar correcto de la voluntad porque es la parte de la mente que toma la decisión. Considera cuando Satanás llevo a Cristo al lugar alto del templo. El diablo lo tentó para tirarse desde allí. Satanás no podía empujar a Cristo – Cristo tenía que tomar la decisión por Él mismo. Lo mismo se aplica en nuestro conflicto con Satanás. Él nunca puede forzar nuestra voluntad. Por el contrario, nosotros debemos escoger rendirnos a sus sugerencias. Esto es cierto aun cuando la tentación viene desde adentro de nosotros. El libro de Santiago nos dice cuando nos encontramos tentándonos a nosotros mismos, "No diga que es tentado de parte de Dios, porque Dios no puede ser tentado por el mal ni tienta a nadie; sino que cada uno es tentado cuando de su propia concupiscencia es atraído y seducido. Entonces la concupiscencia, después que ha concebido, da a luz el pecado; y el pecado, siendo consumado, da a luz la muerte" (Santiago 1:13-15)

Santiago aquí describe el poder de la voluntad. Es sólo después de que el deseo interno es concebido cuando se vuelve pecado [destructivo]. La concepción del deseo ocurre cuando la voluntad escoge el deseo – cuando la voluntad lo acepta. No importa si en el momento usted lo lleva a cabo. Si la voluntad dice sí, pero usted nunca realiza el acto, la mente aún está dañada, la conciencia golpeada, y la razón nublada.

Imagina que mientras estás en una tienda comprando alimentos y te alistas para pagar, el cajero se voltea para atender algo. Al mirar hacia abajo ves la caja registradora abierta, y un pensamiento corre por tu mente: *de seguro que yo podría usar ese dinero.* En un instante decides extender tu mano y tomar unos billetes. Pero justo cuando tu brazo responde a las instrucciones del cerebro, el cajero regresa a su lugar, así que abruptamente cancelas tu intención y no tomas nada.

¿Qué pasa en tu mente? Debido a que tomaste la decisión de robar, has llevado tu carácter un paso más cerca al de un ladrón, aunque tus acciones nunca completaron la idea. Sera más difícil resistir tal tentación la próxima vez. Si el proceso se repite lo suficiente, uno eventualmente pierde la habilidad de discernir entre lo bueno y lo malo, lo correcto y lo incorrecto. La razón y la conciencia poco a poco se destruyen.

**Los Sentimientos No Se Evaporan En Un Abrir Y Cerrar De Ojos**

Regresemos a nuestra discusión sobre la desvaloración propia. Escoger creer en la evidencia no hace que el sentimiento de desvaloración propia se evapore inmediatamente en un abrir y cerrar de ojos. Pero si le permite a Laura enfrentarlo desde una posición de confianza y fortaleza. Ella puede tener seguridad de que es valiosa, aunque pueda sentirse sin valor momentáneamente, y de esa manera evitar la desesperanza. Después de reconocer su valor, entonces puede tomar el siguiente paso para evaluar donde se originó el sentimiento.

Al moverme hacia la ventana de mi oficina, apunte a uno de los montes en la distancia y le pregunte, "Si una llamarada de fuego se encendiera en esos montes, y yo te preguntara ¿qué está pasando allá, tú que dirías?

"No sé", me respondió. "Tendría que ir y mirar". ¡Exacto! Los sentimientos son como llamaradas psicológicas. Ellas se encienden y nos dicen que algo está pasando en cierta dirección, pero no sabemos qué es lo que en realidad sucede hasta que investigamos. Si una llamarada se encendiera en las montañas que están al este de mi oficina, aunque no sabríamos la causa, sí sabríamos que no fue por algo que sucedió en el oeste, ni en el norte, ni en el sur. Cualquiera que sea el problema, ocurrió en el este.

Cuando un sentimiento de desvaloración entra en la mente de alguien, estas personas saben, por medio de un examen de la evidencia, que no es una conclusión basada en la desvaloración misma. Con gran certeza, se dan cuenta que la evidencia les revela su verdadero valor. También reconocen que cualquiera que sea el sentimiento disfrazado de desvaloración, no viene de una fuente de sentimientos positivos (tales como felicidad, alegría o romance), sino de algo negativo e incómodo. Y es aquí cuando cada individuo comienza a descubrir sus problemas particulares que despiertan la sensación de desvaloración, como puede ser el rechazo de un novio o novia que rompió una relación con ellos, o la sensación de fracaso que acompaña el divorcio.

Llevar los sentimientos a la razón y a la conciencia para ser examinados e investigados a la luz de los hechos, la evidencia y la verdad, y entonces elegir seguir la verdad, restaurará el orden y le dará paz a la mente. La batalla más grande está en aprender a valorar la verdad por *es* verdadera, no porque se *siente* verdadera.

**Estos Diamantes No tienen Valor**

En el caso de Laura ella descubrió que tenía esos sentimientos de desvaloración propia porque nunca había sentido que sus padres la valoraran. Ella creía que ellos estaban decepcionados de ella. Laura llegó a sus conclusiones a partir de su percepción de lo que sus padres pensaban de ella, no de la realidad misma.

Para ayudarla a reconocer su situación, le pedí que imaginara que yo les regalaba a sus padres un manojo de diamantes valuados en $1 millón de dólares. Sorprendidos, sus padres miraban los diamantes y exclamaban, "Esto es ridículo. Nadie regalaría diamantes. Estos diamantes no son más que vidrio cortado". Así que ellos tiraron las piedras preciosas en la basura. Con este escenario en mente, le hice esta pregunta: "Simplemente porque tus padres pensaban que los diamantes no tenían valor, ¿eso los hace no tener valor? Cuando respondió que no, la mire y le dije, "¡Tu representas esos diamantes!" La opinión de tus padres no cambia el valor que tienes.

Entonces le propuse algo más para considerar. Le pregunte si un billete de $100 dólares que le di tendría algún valor. "Si", me respondió. ¿Qué tal si yo lo arrugara – valdría menos? Ella sacudió su cabeza. ¿Suponte que lo tiro al piso y me paro sobre él, y le pongo barro; valdría menos? De nuevo me respondió que no. Entonces le dije, "Esa eres tú". "No importa si has sido arrugada, pisada o te has ensuciado en la vida. El valor que tú tienes no ha cambiado".

Los sentimientos son extremadamente poco confiables y nos llevan a avenidas destructivas si no son primero confirmados o rechazados por medio de una evaluación racional de la evidencia.

Exploremos otro sentimiento: La culpa. La culpa es destructiva y frecuentemente mal manejada ya que hay dos tipos de culpa – la culpa legítima y la ilegítima.

### La Culpa Legítima

La culpa legítima ocurre cuando hacemos algo equivocado – algo fuera de la armonía de la ley del amor y la libertad, tal como robarle a nuestro vecino. Es un sentido de convicción o juicio propio que resulta de la impresión del Espíritu Santo en nuestra conciencia y de la evaluación de nuestro comportamiento. La forma en la que resolvemos la culpa legítima es por medio del arrepentimiento (un cambio de corazón, no la simple confesión) y la restauración. Si sientes culpa después de haberle robado $50 dólares a tu vecino, la única forma de resolverlo es por medio del arrepentimiento y entonces vas a la casa de tu vecino y le devuelves lo que tomaste.

### La Culpa Ilegítima – Tipo I

El problema con la culpa ilegítima es que el arrepentimiento y la restauración no la resuelven, porque no hay nada de qué arrepentirse ni nada que restaurar. Pero debido a que la culpa ilegítima se siente como culpa legítima, la mayoría de las personas tratan de enfrentar la culpa ilegítima de la misma forma como tratarían una culpa legítima. Pero no solo que no funciona sino que de hecho la empeora.

Por ejemplo, la culpa ilegítima ocurre cuando una esposa llega a casa del trabajo y encuentra a su esposo de mal humor. Mientras él se queja de lo que le está pasando, la esposa siente culpa y trata de enmendar por medio del arrepentimiento – aunque no ha hecho nada para causar el comportamiento de su esposo. "Lo siento mucho; ¿qué puedo hacer?" Pero su respuesta nunca funciona, porque ella no ha hecho nada de lo cual necesite arrepentirse y no tiene la capacidad de restaurar lo que ella no ha dañado.

Intentar manejar la culpa ilegítima de esta forma siempre retarda la solución del problema. Al aceptar la culpa ilegítima y tratar de arrepentirse y restaurar, uno acepta y apoya una mentira, una falsedad, que en el caso anterior, permitirá que el esposo responsabilice a su esposa por su mal comportamiento. En vez de que el esposo reconozca lo duro que ha sido con su esposa, y tome responsabilidad por ello y haga reparaciones, su esposa asume la responsabilidad por el mal humor del esposo. Tal respuesta nunca resuelve la situación, sino que de hecho viola la ley de la libertad, al mantener a la esposa presa del estado de ánimo de su esposo.

La forma en la que se debe manejar la culpa ilegitima es confrontándola con la verdad. ¿Retroceder y preguntarse a usted mismo, "hice algo erróneo o inapropiado?" Entonces reconocer la verdad y aplicar la ley de la libertad. "No hice nada malo. Lamento mucho que mi esposo este de mal humor; si necesita expresarse, es libre de hacerlo. Simpatizaré con lo que le está pasando, le haré saber que lo amo, pero no tomaré responsabilidad para arreglar lo que le pasa. Él es responsable de sus propios estados de ánimo".

Debemos estar preparados para permitir que otros griten, lloren, estén heridos, con rabia, o molestos sin disculparnos o intentar arreglar algo si, en verdad, no se ha hecho nada malo. La imposición de la culpa es una violación muy común de la ley de la libertad utilizada por algunos como una forma de manipular y controlar a otros. Es por medio del uso de la razón y la conciencia que evaluamos la evidencia y aplicamos la verdad que evitamos al estar atrapados en tales sentimientos.

### La Culpa Ilegítima – Tipo II

Consideremos otra fuente de culpa ilegítima, una que es muy sutil, bastante destructiva y mucho más común.

## ¿PODRÍA SER TAN SIMPLE?

En el centro médico para los veteranos de guerra en Augusta, Georgia, conocí por primera vez a Armando después que su médico de cabecera lo recibiera en la unidad quirúrgica para evaluar su pérdida crónica de peso, nauseas, y dolor abdominal. Sus síntomas físicos eran el resultado del uso frecuente del alcohol por varios años. Armando había estado tomando por cerca de 30 años en un intento de olvidar el pasado y evitar sentimientos crónicos de culpa. Pero sin importar cuánto tomaba, la culpa persistía.

Como piloto durante la guerra de Vietnam, Armando había participado en muchas misiones y no dudo en matar a numerosos soldados enemigos. Dado que él sabía que estaba salvándole la vida a sus amigos soldados, el nunca sintió culpa por la muerte de sus enemigos. Sin embargo, un evento lo perseguía incesantemente, y no importa cuán duro lo intentara, nunca podía quitarlo de su mente.

Armando describió una misión en la cual él había sido asignado para destruir una fuente de municiones que el Vietcong había almacenado en un orfanato. El plan era que los soldados en tierra evaluaran el orfanato de niños antes de su ataque. Mientras Armando se acercaba a su objetivo, el recibió el mensaje confirmando la evacuación de los niños del orfanato, así que bombardeó el edificio que donde estaban almacenadas las municiones.

Pero cuando regresó a su base, el descubrió que había recibido una información falsa: El orfanato no había sido evacuado y muchos niños habían muerto. Devastado, Armando se culpó a sí mismo. Empezó a pensar de sí mismo como un asesino de niños, como una persona malvada. *No debí haberlo bombardeado. Debí haberlo sabido,* pensaba constantemente. Consumido por la culpa se odiaba a sí mismo.

¿Era inapropiada su culpa? Armando no era muy honesto consigo mismo. Él se trataba a sí mismo como si hubiera sabido que los niños no habían sido evacuados del edificio, juzgándose a sí mismo basado en el resultado de sus acciones más que en sus motivos, sus decisiones y lo que trataba de hacer. En otras palabras, su reacción era como si él hubiera intentado matar los niños, como si él supiera que el informe que recibió era falso. Aunque el resultado era trágico, su decisión y acciones en esa oportunidad habían sido apropiadas. Su culpa no estaba en el lugar apropiado.

Piensa en que eres un bombero responsable de suprimir un fuego usando explosivos. (Grandes fuegos son algunas veces extinguidos al detonar una explosión que consume todo el oxígeno disponible y apaga el fuego.) Un edificio está quemándose con fuego, y aquellos que luchan contra el fuego determinan que la única forma de extinguirlo es por medio de una explosión.

Tú eres responsable de colocar las cargas mientras otros bomberos despejan el edificio. Después de colocar las cargas, recibes el mensaje "Todo está despejado" para detonar las cargas, así que procedes a hacerlo. Pero después se descubre que muchos niños no habían sido evacuados y perecieron en la explosión. ¿Sentirías culpa? ¿Has hecho algo malo? Los resultados indeseados algunas veces ocurren en la vida, aun haciendo lo mejor que podemos. Desafortunadamente, muchas veces nos juzgamos a nosotros mismos de acuerdo al resultado más que por nuestra intención.

### La Culpa y El Duelo No Son Lo Mismo

Sergio tenía 43 años, de cabello castaño y contextura media. Su ceño fruncido y los círculos oscuros debajo de sus ojos eran consecuencia de haber sufrido depresión por 20 años – desde la muerte de su hijo de 3 años. Durante nuestra conversación él contó como dos décadas atrás su hijo se enfermó de alta fiebre e irritabilidad, así que él lo llevo al pediatra. El doctor le dijo a Sergio que era una infección auditiva y que le diera antibióticos y lo enviara a la casa.

Después de regresar a casa, la condición de su hijo empeoró, la fiebre aumentó y empezó a vomitar. Sergio llevo al niño a la sala de emergencia más cercana, donde el personal que lo atendió le dijo al padre de nuevo que su hijo había tenido una infección auditiva, lo que confirmó el diagnóstico previo y lo envió a casa.

Más tarde en la noche la condición de su hijo continuo empeorando. Su piel quemaba y llego a responder menos a los estímulos, así que Sergio corrió de nuevo a la sala de emergencia Esta vez los doctores descubrieron que el niño tenía meningitis. Pero debido a que su condición era tan avanzada, murió poco después en esa noche.

Absolutamente devastado, Sergio se culpó a sí mismo y se agobió con una culpa crónica de la que no pudo deshacerse. Se ridiculizaba constantemente. "Yo debí haberlo sabido. Yo sabía que algo estaba mal. No debí haber escuchado a los doctores. Debí haber hecho algo. Es mi culpa. Mi hijo estaría vivo si no fuera tan estúpido."

Sergio se juzgaba a sí mismo como si le hubiera fallado a su hijo, ¿pero que más pudo el padre haber hecho? Aunque no tenía entrenamiento médico, él había llevado a su hijo tres veces en un día a los médicos quienes se equivocaron en el diagnóstico. ¿Era él la persona que debía ser culpada por este error? Había caído en la trampa de juzgarse así mismo basado en el resultado más que en sus acciones o sus intenciones.

Ahora Sergio necesitaba darse cuenta de las diferencias que distinguen la culpa de la tristeza, el duelo y el dolor. Mientras la tristeza, el duelo y el dolor son todas emociones saludables que las personas necesitan enfrentar, la culpa no lo es. Dado que el sentimiento de culpa era inapropiado, este interfería con la resolución del duelo. Solo fue cuando se dio cuenta que no había hecho nada malo - si estuviera en las mismas circunstancias con la misma información, hubiera tomado la misma decisión – cuando fue capaz de dejar ir el sentimiento de culpa y empezar a resolver el duelo.

### La Culpa Ilegítima De Elena

A la edad de 44 Elena había tenido una larga historia de depresión y ansiedad, sufrida por un desorden de estrés postraumático que había tenido como consecuencia de años de abuso severo por parte de su esposo. Describió los ataques horribles de su esposo contra ella cuando en muchas ocasiones, su esposo había llegado borracho, le había apuntado con un arma en la cabeza, y había amenazado con matarla. Mientras ella tenía muchas razones legítimas para sentir ansiedad y depresión, también sufría de una culpa ilegítima de la que no podía deshacerse.

Elena luchaba al contar las experiencias agonizantes que había enfrentado. Al describir el horrible abuso, frecuentemente sacudía su cabeza de atrás para adelante para poder salir del recuerdo en el que estaba pensando.

Muchos años antes ella había descubierto que su esposo estaba abusando a su propia hija (la hijastra de ella). Pero cuando le conto a su familia, en vez de ayudarla, ellos le dijeron que se quedara callada o la matarían.

Aunque aterrorizada, rehusó permitir que su hijastra siguiera siendo abusada, así que denuncio a su esposo al Departamento de Familia y Servicios Infantiles. Luego de investigar los cargos, las autoridades arrestaron al esposo y lo llevaron a juicio por sus crímenes. Pero Elena se culpaba a sí misma. *Yo debía haber sabido que mi hijastra estaba siendo abusada. ¿Cómo pude no haberme dado cuenta?* Ella pensaba.

Por años Elena sintió culpa crónica por no haber prevenido los eventos de los que no sabía que estaban ocurriendo. Solo hasta que ella uso su razón para evaluar los hechos y aplicar la verdad pudo empezar a curarse. Ella reconoció que no era responsable por las acciones de su esposo o por la información que no poseía.

Una vez que Elena aprendió a evaluarse a sí misma basada en sus propias acciones y sus propias decisiones, fue capaz de resolver su culpa inapropiada y seguir adelante en su proceso de curación.

### Los Padres No Controlan Los Resultados

La mayoría de los padres tienen hijos que toman decisiones que los decepcionan o los hacen sentir pena. Algunos de los hijos de mis pacientes que han decidido tomar el camino equivocado, están en la cárcel, o en drogas, o se comportan irresponsablemente. Aunque cada historia es diferente, la mayoría de los padres comparten un mismo problema - ellos se culpan y se castigan a sí mismos, pensando: *Si yo hubiera hecho algo diferente, mi hijo no se hubiera convertido en lo que hoy es.*

Tales individuos sienten una culpa inapropiada porque han aceptado una mentira. Han creído que ellos, como padres, son responsables por los resultados en la vida de sus hijos y en el proceso han fracasado en reconocer que ellos son responsables solo por su propia conducta al criar a sus hijos. Dado que todos ellos tienen libre albedrío, sus hijos son quienes, en última instancia, escogen su propio camino, sin importar sus padres.

Algunos de mis pacientes han olvidado que aunque la paternidad ejerce una influencia, esta no asegura los resultados. Aun cuando el ejercicio de la paternidad sea perfecto – como en el caso de la paternidad de Dios con Lucifer y Adán – los hijos aún pueden escoger tomar el camino incorrecto.

**La Culpa Ilegitima – Tipo III**

Sara estuvo por años muy perturbada por una culpa no resuelta. Por siete años los recuerdos de una relación adúltera la habían atormentado. Aunque sabía que su aventura fue un error, parecía no poder resistir su atracción por el otro hombre. Pero inmediatamente después de romper sus votos matrimoniales, se encontró a si misma llena de culpa y rechazo propio. Como consecuencia de esto, le confesó su pecado a Dios y a su esposo. Se arrepintió y su esposo la perdonó, y estuvo decidida a nunca más volver a tomar ese camino. Sin embargo luego de 7 años de ocurrida la aventura amorosa, seguía experimentando una culpa constante y unos recuerdos recurrentes del incidente. Sin importar el número de horas que estuvo de rodillas confesando a Dios su pecado y pidiendo perdón, su culpa nunca pareció irse, y no sabía porque. Pronto empezó a considerar que no podría ser salva.

Si el arrepentimiento y la restauración resuelven la culpa legítima, y Sara se había arrepentido y reconciliado con su esposo, entonces ¿porque no se iba la culpa? Porque aunque ella sentía tristeza por su aventura amorosa, la forma en la que actuaba su mente no había cambiado. El proceso mental que la había llevado a adulterar aún permanecía en su mente.

En los capítulos 2 y 3 exploramos el modelo organizacional de la mente. Descubrimos que la razón y la conciencia constituyen lo que es nuestro juicio y son las que dirigen la voluntad al tomar decisiones. También aprendimos que nuestros sentimientos pueden llevarnos por el camino incorrecto o

## ¿PODRÍA SER TAN SIMPLE?

tentarnos. Ahora consideremos el proceso mental de aquellos que deciden cometer adulterio. ¿Usan la razón y la conciencia, pesan la evidencia, oran por sabiduría, y con una clara conciencia toman la iluminada decisión de cometer adulterio? ¿O experimentan fuertes sentimientos de excitación e ignoran su razón y su conciencia?

¿Ahora, que pasa cuando el mismo proceso ocurre en un problema diferente? Un día en la oficina un compañero de trabajo le pidió a Sara que le prestara su automóvil. Inmediatamente Sara razonó a partir de los hechos de que su seguro no permitía que otra persona manejara su automóvil. Además, la persona que le había hecho tal solicitud había tenido varios accidentes automovilísticos recientemente, y concluyo, en su juicio, no le prestaría su automóvil. Pero entonces los sentimientos de temor e inseguridad la desbordaron. *No quiero que se moleste. Quiero caerle bien. No quiero que empiece a decir chismes sobre mí. Y yo odio la confrontación.* Así que basada en todos sus sentimientos ignoró su propio juicio y permitió que su compañera de trabajo tomara su automóvil.

Aquí encontramos su mente operando del mismo modo que lo hizo cuando cometió adulterio. Ella siente culpa por no escoger hacer lo que su juicio decidió que era lo mejor. Al no poder entender cómo Dios diseñó que su mente funcionara y siendo que el problema de prestar su carro no era un asunto moral, Sara no podía identificar la fuente de su culpa. En vez de sentir culpa por prestarle su carro a su compañera de trabajo, su mente le recuerda el más claro ejemplo del triunfo de sus sentimientos sobre su juicio y experimenta de nuevo la culpa de su aventura extra matrimonial. Así que por los últimos siete años cada vez que permitía que sus sentimientos primaran sobre su juicio, pasaba de nuevo por la culpa que sentía por su aventura, lo que causaba que se arrepintiera una vez más. Como nunca había entendido la forma en la que funcionaba su mente, nunca experimento paz o una sensación de perdón real. Es solamente cuando ponemos nuestras mentes en balance apropiado cuando podemos ser curados.

### La Verdad Quita La Culpa Inapropiada

Es por el ejercicio de la razón, evaluando los hechos y las circunstancias y la posterior comprensión y aplicación de la verdad lo que quitará la culpa inapropiada de la mente y permitirá que la sanación ocurra.

Dios ha diseñado nuestro universo de una manera muy ordenada. Cuando operamos en armonía con sus principios y métodos, experimentamos una mente sana y un corazón en paz. Mientras nuestra mente funcione en el orden jerárquico que Él estableció, nuestra autoestima, nuestro valor propio, y nuestra confianza propia automáticamente aumentarán. Del mismo modo, siempre que permitimos que nuestras mentes operen sin la razón y la conciencia dirigiendo nuestras acciones, entonces nuestra autoestima, nuestro valor propio y nuestra confianza propia decaerán.

Los principios fundamentales del gobierno de Dios son el amor, la verdad y la libertad. El proceso de aplicar la verdad a la mente y practicar los métodos que están en armonía con sus métodos se conoce como la batalla espiritual. Lo profundizaremos en el siguiente capítulo.

Capítulo 11

# La Batalla Espiritual

La vida de María estaba fuera de control cuando llego por primera vez a mi oficina. Había sido abusada sexualmente cuando era niña, violada cuando fue adolescente y violada de nuevo cuando tenía 20 años. Ahora a la edad de 35 tenía un hijo adolescente de un matrimonio fallido y dos niños de menos de 5 años de su actual matrimonio.

Durante los ocho años antes de venir a verme, María había consultado otros cinco psiquiatras para ser tratada. En esa oportunidad también visito 12 terapeutas. Los psiquiatras le habían ofrecido una amplia variedad de diagnósticos para sus problemas: Esquizofrenia, desorden bipolar (maníaco-depresivo), desorden de personalidad múltiple, desorden de personalidad histriónica, personalidad borderline, desorden de estrés postraumático, dependencia a la Benzodiacepina y depresión unipolar.

Se quejaba de escuchar voces que algunas veces le decían que se quitara la vida Además, sufría de dolores de cabeza crónicos y problemas médicos múltiples, que dieron como resultado que tuviera que pasar por más de 20 procedimientos quirúrgicos durante los últimos ocho años.

Por los últimos cinco años la mayor parte de su vida se había convertido en una supervivencia. Incapaz de cocinar, limpiar, llevar a los niños al colegio, ayudar con los deberes de la casa, ella no había actuado como una madre y esposa. Su esposo era el responsable de cuidarla.

Asimismo, María llegaba a la sala de emergencia una o dos veces por semana para conseguir inyecciones de meperidina para los dolores de cabeza que parecían nunca irse. Ella había sido tratada con múltiples medicamentos – incluyendo haloperidol, clorpromazina, diazepan, amitriptilina, fluoxetina, temazepan, hidroxizina, alprazolan y otros que no podía recordar – todos sin ninguna mejoría. Cuando llegó a mi oficina por primera vez estaba con altas dosis de diazepan y clorpromazina, también con drogas para eliminar sus dolores de cabeza.

María tenía autoestima crónicamente baja y sentimientos de desvaloración propia – todos reforzados por una larga vida de malos tratos. Nunca desarrolló la habilidad de usar su razón y la conciencia para dirigir su voluntad para examinar y escoger la verdad para luchar contra sus numerosos estados de ánimo, sentimientos y pensamientos.

Luchando con su culpa persistente, se criticaba a sí misma de una manera irracional. Siempre que enfrentaba alguna dificultad en una relación, María se acusaba a sí misma y se sentía culpable, sin importar lo que hubiera ocurrido. Aunque era cristiana, nadie le enseñó cómo preparase para la batalla espiritual.

### Las Armas de Nuestra Milicia No Son Mundanas

La batalla espiritual es la utilización de nuestra naturaleza espiritual (la razón, la conciencia, la adoración) en la batalla contra los malos sentimientos como las mentiras, las representaciones equivocadas, las pasiones y la lujuria que tratan de tomar control de la voluntad y destronar la razón. Es el proceso de usar los métodos de Dios para vencer la influencia de nuestra debilidad genética, sanar nuestras heridas emocionales y restaurar el balance de nuestras mentes dañadas.

"Pues aunque andamos en la carne, no militamos según la carne; porque las armas de nuestra milicia no son carnales, sino poderosas en Dios para la destrucción de fortalezas, derribando argumentos y toda altivez que se levanta contra el conocimiento de Dios, y llevando cautivo todo pensamiento a la obediencia a Cristo" (2 Corintios 10:3-5)

¿Si estás peleando una guerra contra los argumentos, altivez, conocimiento y pensamientos, donde se desarrolla la guerra? ¡En la mente! La batalla espiritual sucede en la mente. El arma que utilizamos es "la espada de Espíritu", la palabra de Dios, también conocida como la verdad. Dado que siempre lleva hacia Dios, tal verdad tiene poder divino. Por medio de su poder divino, la verdad destruye las mentiras, malinterpretaciones y distorsiones. También restaura el orden y trae sanación. Como Cristo lo dijo: "La vedad os hará libres" (Juan 8:32)

### Dios Está Trabajando Para Sanar a Todos

Es importante reconocer que la verdad cura, sin importar si uno cree en Dios o no. El Espíritu Santo lucha por sanar aun aquellos que todavía no tienen formada una creencia sobre la divinidad. El Espíritu Santo se mueve para que puedan entender los métodos y los principios de Dios. Si aquellos

¿PODRÍA SER TAN SIMPLE?

que no creen en Él siguieran la verdad que pueden comprender, entonces habría una sanación, y llegarían a ser mucho más sanos en relación a lo que ellos entienden y practican. Eventualmente, la verdad los llevará a Dios mismo para completar el proceso de sanación y restauración.

Pablo describe esto en Romanos 2:13-15: "Porque no son los oidores de la ley los justos ante Dios, sino los hacedores de la ley serán justificados. Porque cuando los gentiles, que no tienen ley, hacen por naturaleza lo que es de la ley, estos, aunque no tengan ley, son ley para sí mismos. Mostrando la obra de la ley escrita en sus corazones, dando testimonio su conciencia, y acusándoles o defendiéndoles sus razonamientos".

Pablo declara aquí que Dios está trabajando para sanar la mente de todos. Aquellos que aún no han escuchado la verdad (como se revela en las escrituras), pero entienden los principios de la ley y la libertad (como se muestran en la naturaleza) y los incorporan en sus vidas, están cooperando con Dios para la sanación de sus mentes. El Señor está restaurando Su imagen dentro de ellos y los considera sus hijos.

### La Verdad Nos Hace Libres

El sargento García, de quien leímos en el capítulo 1, había creído una mentira – que Dios lo había abandonado. Al reconocer la verdad – que Dios de hecho había intervenido milagrosamente en su vida – destruyó la fortaleza de malentendido, temor, duda, culpa, rabia y resentimiento que él había establecido en sí mismo. El sargento García fue liberado.

Considere el ejemplo de un hombre que robó a su hermano. Gobernado por la culpa y sin descanso ya no pudo tener más paz. ¿Qué es lo que lo liberaría de la culpa y restauraría su paz, sin importar si cree en Dios o no? Es el arrepentimiento y la restauración. Él está experimentando una culpa legítima, y solo cuando acepte y aplique la verdad podrá vencerla y restaurar la salud en su vida.

Al ir a su hermano, reconociendo lo que había hecho, restaurando lo que había robado y pidiendo perdón, el encontrará la paz para su mente. Aún si su hermano se rehúsa a perdonarlo, él tendrá paz consigo mismo porque ha cambiado su corazón y su mente ha sanado. El cambio de corazón ocurrió cuando eligió libremente hacer lo que la razón y la conciencia determinaron que era lo mejor. Él no tendrá restaurada la unidad con su hermano hasta que su hermano lo perdone pero su tormenta personal cesará.

### La Mente Es Como Un Jardín

Imagina que tienes una huerta, que cuidas fielmente y ahora te da una cosecha abundante. ¿Qué le pasará a tu huerta si dejas de cultivarla? ¿Continuaría dándote buenos frutos, o la maleza eventualmente la destruiría?

De la misma manera, en nuestras mentes, por naturaleza crece la maleza – pensamientos egoístas, ideas y falsas concepciones. Es Cristo quien trabaja por medio de su Espíritu Santo para plantar las semillas de la verdad en nuestras mentes. Él entonces cuida y protege las semillas, permitiéndoles desarrollar los frutos de un carácter como el de Cristo. Al utilizar la Espada del Espíritu (que es la Palabra de Dios, la verdad) nosotros desmalezamos nuestras mentes, sacando de raíz las mentiras y las falsas teorías que nos mantienen cautivos y a cambio nos permite mantener una huerta sano y productivo.

Uno de las mejores descripciones en este proceso aparece en el libro del deseado de todas las gentes.

"El Consolador es llamado "El Espíritu de la Verdad. Su obra es definir y mantener la verdad. El primero mora en el corazón como el Espíritu de Verdad, y de ahí llega ser el Consolador. Hay confort y paz en la verdad, pero ninguna paz real ni confort pueden ser encontradas en la falsedad. Es por medio de teorías falsas y tradiciones como Satanás gana su poder sobre la mente. Al dirigir a los hombres a unos estándares falsos, el deforma el carácter. Por medio de las Escrituras el Espíritu Santo habla a la mente, e impresiona con verdad el corazón. A partir de ahí El expone el error y lo expulsa del alma. Es por medio del Espíritu de Verdad, trabajando por medio de la Palabra de Dios, que Cristo une a Sus escogidos a El mismo".

**El Problema Del Pecado**

Uno de los conceptos erróneos (maleza) que impiden una mayor cosecha del fruto espiritual es la falsa idea sobre el pecado. Muchas personas ven el pecado como el quebrantamiento de las leyes de Dios, y el problema con desobedecer una de Sus reglas es que eso le exige a Dios imponer un castigo, siendo el castigo mayor la muerte. Pero este es una concepción errada sobre el pecado, que lleva a serios malentendidos sobre Dios – distorsiones que se incorporan a la adoración y consecuentemente impiden la curación de la mente.

El problema real con el pecado es que el pecado en sí mismo daña y destruye. Destruye al pecador y daña a otros. Dado que el pecado empaña la imagen de Dios por dentro, la persistencia en el pecado trae su propio castigo – la muerte. Las personas que se aferran a una vida pecaminosa se rebajan a sí mismos de seres creados con dignidad, nobleza, e inteligencia a nada más que animales, criaturas instintivas. La razón y la conciencia eventualmente desaparecen y las pasiones animales toman el control completo.

¿PODRÍA SER TAN SIMPLE?

**Porque Dios Odia El Pecado**

Muchas personas asumen que Dios odia el pecado porque significa romper sus reglas, lo cual muestra una falta de respeto hacia Él. Imagina que eres el alcalde de tu ciudad natal y que has redactado una ley prohibiendo la crueldad con los animales. Al salir de tu casa alguien toma a tu mascota favorita, la agarra de la cola, y le rompe la cabeza en el concreto. ¿Qué te hace disgustarte? ¿Qué te genera rabia? Acaso gritas, "¡Has quebrantado mi ley! ¡Cómo te atreves a quebrantar mi ley!" ¿Es la violación de la ley lo que te molesta? ¿O es el hecho de que tu bella mascota ha muerto? Por eso es que Dios odia el pecado: porque destruye su creación, no porque rompe sus reglas.

De hecho, las reglas fueron hechas para hacernos entender cuan destructivo es nuestro comportamiento. ¿Recuerdas cuando Dios proclamo los Diez Mandamientos? Los hijos de Israel acababan de salir de 400 años de esclavitud. La vida en ese ambiente no tenía valor. La menor de las violaciones podía llevar a la muerte de un esclavo. Viviendo en tal mundo, los hebreos habían perdido de vista el gran propósito que Dios tenia al crear la humanidad, y ellos se habían hundido en tinieblas de ignorancia.

Considera cuan abismal debió haber sido su condición si Dios ve necesario decirles que si ustedes aman a su prójimo, no deben matarlos. Tampoco deben robarles, ni arruinar su reputación al levantar un falso testimonio, o cometer adulterio con sus esposas. Los esclavos hebreos no tenían ni siquiera esos preceptos básicos en su vida.

Imagínate enviando a tu hijo al colegio esta mañana, le das un beso de despedida, y le dices: "Diviértete en el colegio, y asegúrate de no asesinar a nadie en el recreo". Cuan absurdo sería. Nunca se te pasaría por la mente. Pero si, de hecho, necesitaras decirle esto a tu hijo, ¿cuán degradado estaría su hijo?

**Una Imagen De Resonancia Magnética para el Alma**

La ley escrita (Los Diez Mandamientos) es como una imagen de resonancia magnética (IRM) del alma: revela tus defectos. Si una IRM revela un tumor en su pulmón, ¿qué harías tú? Irías al doctor. Y después de visitar al doctor y ser curado, ¿te preocuparías por haber sido examinado con una IRM? ¿Sentirías alguna necesidad de destruir la IRM? Por supuesto que no. De hecho, tal vez quieras repetir la IRM para confirmar que el tumor se ha ido.

Así es como funciona la ley escrita de Dios. Revela los defectos de nuestra mente. Cuando reconocemos esos defectos, vamos al médico celestial para ser curados. Después de que nos ha curado, la ley escrita no necesita ser destruida. De hecho, cuando nos examina, no encuentra ningún defecto porque estamos en completa armonía con ella. Y después de haber sido curados, ya no necesitamos la ley escrita. Esa es la esencia de lo que Pablo escribe en Timoteo: "Pero sabemos que la ley es buena, si uno la usa legítimamente; conociendo esto, que la ley no fue dada para el justo, sino para los transgresores y desobedientes, para los impíos y pecadores, para los irreverentes y profanos, para los parricidas y matricidas, para los homicidas, para los fornicarios, para los sodomitas, para los secuestradores, para los mentirosos y perjuros, y para cuanto se oponga a la sana doctrina, según el glorioso evangelio del Dios bendito, que a mi me ha sido encomendado" (1 Timoteo 1:8-11).

Usando la metáfora de la IRM, podríamos parafrasear el pasaje de la siguiente forma:" Sabemos que la IRM es buena si uno la usa apropiadamente. También sabemos que la IRM fue hecha no para la gente sana sino para aquellos que están enfermos, sufriendo, todos los que están muriendo , y todas las actividades que son contrarias a los principios de una vida sana que conforman el modelo de salud que el bendito Dios me ha confiado."

De hecho, la parte de los diez mandamientos de la ley es una destilación especial de la gran ley cósmica del amor y la libertad escrita especialmente para nosotros aquí en este planeta. ¿Necesitan los ángeles del cielo una ley para honrar al padre y la madre? ¿O para enseñarles a no cometer adulterio? No, pero ellos si necesitan operar bajo la ley del amor y libertad como se presentó anteriormente en este libro. Los Diez Mandamientos son una extrapolación posterior de esta ley, así lo enfatizo Cristo: "Amaras al Señor tu Dios con todo tu corazón, con toda tu alma y con toda tu mente. Este es el primero y grande mandamiento. Y el segundo es semejante: Amarás a tu prójimo como a ti mismo. De estos dos mandamientos depende toda la ley y los profetas" (Mateo 22:37-40).

### El Pecado No Es Bueno, Destruye

Muchos de mis pacientes fracasan al comprender la naturaleza del pecado y sus efectos. Debido a que muchos piensan que Dios es el que destruye, ellos tienen sentimientos crónicos de inseguridad y temor. Pero considera lo siguiente:

Si nunca te cepillas los dientes, ¿te sorprendería si desarrollas caries? ¿Enviaría Dios un ángel desde el cielo para darte caries? ¿Qué tal si oras todos los días por unos dientes sanos, pero no te cepilla los dientes? ¿Qué esperarías que pase? ¡Tendrías caries!

Suponte que saltas del edificio Empire State en Nueva York. ¿Te sorprendería si te aplastaras cuando llegues al pavimento? ¿Enviaría Dios un ángel para romperte las piernas cuando llegues al suelo? ¿Qué tal si oraras

¿PODRÍA SER TAN SIMPLE?

por buena salud y larga vida mientras vas cayendo? ¿Qué esperarías que pase? ¡Que se aplaste!

Imagina que le eres infiel a tu esposa. ¿No esperarías sentir baja autoestima, culpa, ansiedad y pena? ¿Enviaría Dios un ángel del cielo para acabar con tu autoestima y destruir tu matrimonio?

El pecado destruye porque significa vivir por fuera de los principios universales sobre los cuales Dios fundó la vida y la salud. Estos principios son tanto naturales como morales. Más aun, el pecado existe por fuera de la ley divina del amor y la libertad. De hecho, el pecado es la ausencia de la ley.

La ley de Dios de amor y libertad no es meramente un grupo de normas arbitrarias creadas por una poderosa divinidad. Al contrario, Su ley de amor y libertad se origina en Su carácter. En efecto, los principios que gobiernan nuestra existencia y el funcionamiento del universo son un resultado de esta ley.

Anteriormente discutimos con algún detalle la ley de la libertad y vimos como al quebrantarse siempre produce destrucción en su camino. De la misma manera al quebrantarse la ley del amor, la destrucción sigue inmediatamente como una consecuencia. Este es el problema con el pecado: que destruye. Pero Dios no es la causa de tal destrucción. Él restaura, Él sana.

Muchos de mis pacientes pueden ver fácilmente como las violaciones de la ley de la gravedad causan heridas, pero tienen dificultad en ver como quebrantar la ley moral de Dios destruye los seres humanos.

Imagina que abusas de un niño hoy y nadie se da cuenta. El incidente se mantiene en secreto. ¿Cómo dormirías esta noche? Y si puedes dormir después de haber hecho tal cosa, ¿qué tan dañada debe estar la persona para poder hacerlo?

Involucrarse en un comportamiento inmoral destruye la imagen interior de Dios. Esto fortalece las bajas pasiones y debilita la razón y la conciencia. Si el pecado persiste en el tiempo, finalmente erradicara la habilidad de comprender o responder a la verdad. Cuando esto ocurre no hay nada que se pueda hacer. Una vez que la conciencia y la razón han sido completamente destruidas por una vida que persiste en la rebelión, el ser humano- creado con nobleza, dignidad e inteligencia – se hunde al mismo nivel de las bestias, criaturas instintivas guiadas solamente por la pasión y la lujuria.

**El Pecado Es Como Un Cáncer**

El pecado es como un cáncer. Lleva a la muerte por la misma razón que el cáncer lo hacer – destruye los tejidos y los órganos que sostienen la vida. Cuando alguien muere de cáncer, la muerte no es un castigo impuesto desde el exterior sino un resultado inevitable de un cáncer que no pudo ser detenido. A menos que alguien interceda, el cáncer matará a su víctima. De eso

## LA BATALLA ESPIRITUAL

se trata la intercesión – Dios entra a detener la progresión y las consecuencias naturales del pecado en nuestras vidas. ¡Él trabaja para sanarnos!

Mientras el pecado se esparce por toda la persona, daña y eventualmente destruye las facultades mentales que reconocen y responden a la verdad. Y si se persiste en él, el pecado degradará todo el ser y eventualmente terminará en la muerte.

Ahora, si una persona con cáncer recibe un tratamiento y es curada, ¿qué pasa con el cáncer? Las células defectuosas fueron eliminadas o restauradas a su normalidad. Para que el cuerpo pueda vivir, el cáncer debe ser erradicado. Cuando el cáncer es erradicado, las células cancerígenas defectuosas se van y los tejidos enfermos regresan a su condición original.

El pecado es un estado de la mente caracterizado por el egoísmo y la práctica de los métodos que se oponen a los principios bajo los cuales Dios ha fundamentado la vida y la salud. Así como con el cáncer, si no se hace algo para cambiar este estado mental egoísta la inevitable consecuencia será la muerte. La Biblia afirma que "sin derramamiento de sangre no se hace remisión" (Hebreos 9:22). En otras palabras, sin el derramamiento de sangre no podríamos ser restaurados a nuestra condición original. El derramamiento de la sangre de Cristo fue hecho para transformar el corazón y la mente del hombre – para curarnos y remover el egoísmo completamente de nuestras mentes.

Cuando entendemos la verdad sobre Dios y sus métodos y nos rendimos a Él, un nuevo motivo – grupo de principios/métodos – llega a ser el poder gobernante en la mente humana, quitando el "pecado" (el método rebelde y egoísta).

**La Obediencia De Un Amigo Comprensivo**
La salud viene de estar en conformidad con la ley de Dios, de vivir en armonía con los grandes principios de amor y libertad. Esta no es el que proviene de ajustarse ciegamente a un grupo de reglas o porque alguien con autoridad o con poder le dijo que lo hiciera. Debe obedecerse porque tiene sentido.

De hecho, la obediencia que surge de una sumisión forzada no es una verdadera obediencia – es de hecho una violación de la ley de la libertad y siempre llevará a una rebelión. La verdadera obediencia debe incluir un acuerdo mutuo y la comprensión de lo que se obedece. El más alto nivel de obediencia tiene su origen en lo que se entiende por una amistad.

Uno de mis amigos me dijo que cuando él era niño, su madre tenía la regla de que el no debería fumar. Si llegaba a fumar sería castigado. Como se podría esperar, mi amigo evitó fumar durante su niñez. Deseando ser un niño obediente, él obedeció la regla. Él ciertamente no quería ser castigado.

Sin embargo, cuando llegó a la adolescencia, se vio en la compañía de muchos amigos que se pasaban un cigarrillo el uno al otro. Después de algunos intentos, mi amigo tomó un par de inhalaciones. Más tarde, cuando volvió a la casa, su madre olió el humo del cigarrillo, lo llevó a un lado y le dijo, "Hijo, si algún día empiezas a fumar, me vas a romper el corazón." Ese comentario le dio una motivación más para no hacerlo, y durante su adolescencia no volvió a fumar otra vez porque quería mucho a su mamá.

Pero aun ahora cuando llego a ser adulto, él todavía no fuma. ¿Por qué? ¿Usted cree que él llama a su mamá y le dice, "Realmente tenía ganas de fumar hoy, pero decidí no hacerlo porque sabía que si lo hacía, vendrías y me castigarías"? ¿O la llama y le dice, "Realmente quería fumar hoy, pero no lo hice porque te amo y no quiero herirte? Si lo hace, ¿cree usted que la madre le respondería, "Bien hecho, estoy muy orgullosa de ti hijo mío" o más bien le respondería, Hijo, cuando vas a crecer"?

Hoy no fuma – no porque su madre tenía una regla, ni por el amor que su madre tiene por él o su amor por ella, sino *porque él no es un fumador.* Al haber usado su razón y su conciencia para evaluar la lógica detrás de la regla de su madre, ha llegado a entender porque le rompería el corazón si fumaba. Ahora reconoce que fumar es un hábito destructivo. Ha empleado su voluntad para escoger no fumar, porque está de acuerdo con su madre.

Por medio de tal entendimiento, su amor y apreciación por su madre y sus reglas crecieron grandemente. El amor por su madre creció porque vio el gran amor que su madre tenía por él para protegerlo de sí mismo cuando él era muy niño para tomar una buena decisión. Ahora ya no necesitaba las reglas de su niñez – no porque ellas estén mal o sean inválidas, sino porque están escritas en su corazón.

### El Proceso de Crecimiento

Nosotros somos llamados a llegar a ser cristianos maduros, y desarrollar la habilidad de discernir entre lo bueno y lo malo. Pero con frecuencia permanecemos como pequeños bebes preocupados por romper una regla o preocupados por no herir a nuestro Padre. ¿Cuándo creceremos para entender a nuestro Padre? ¿Cuándo entraremos en unidad, armonía, y amistad con Él? Y ¿cuándo cooperaremos con él para la restauración de Su imagen dentro de nosotros, para la escritura de Su ley y métodos en nuestros corazones y nuestra mente?

### Libre De Todas Estas Reglas

Imagina de nuevo que tu madre te educa con una regla que dice que te debes cepillar los dientes. Ahora que has crecido y vives por su cuenta, dices, "Estoy libre de la regla de mi madre. Nunca voy a cepillarme mis dientes de nuevo." Y no lo haces. ¿Qué sucede? Sus dientes se ponen sucios, le da mal aliento y eventualmente tendrá caries.

Mientras todo esto está pasando, ¿deja de amarte tu madre? ¿O le duele el corazón, sabiendo que pronto experimentará dolor? Si persistes en ir en contra de lo que ella te enseñó sobre cepillarse los dientes, ¿vendrá ella mientras duermes y te hará unos huecos en los dientes? No, los dientes se dañan por sí mismos.

Cuándo el dolor crece, ¿lo hace por ser un castigo impuesto o una consecuencia natural de tus decisiones? ¿Y qué te llevará a hacer el dolor? Irá al dentista.

Al dentista ¿le causa más dolor castigarte por no cepillarse los dientes? o ¿hace todo lo posible por minimizarlo mientras se prepara para sanar el dolor causado? Pero si escoges no ir al dentista, y en cambio decides enfrentar el dolor, quizás usando alcohol para disminuir el dolor, eventualmente el diente estará tan dañado que no quedara nada que el dentista pueda reparar.

### El Pecado Imperdonable

Cuando violamos la ley de Dios, el nunca deja de amarnos. Su corazón se quebranta cuando nos ve hiriéndonos, sabiendo que pronto sufriremos dolor. Pero Él permite el dolor para que pueda despertar nuestros sentidos y busquemos ser curados. Si vamos a Él, nunca nos causará daño, sino que hará todo lo que está a su alcance para minimizar el dolor al empezar a sanar nuestras mentes.

Sin embargo, a veces el daño es tan extenso que aun la curación misma está acompañada con dolor. Pero si escogemos no recurrir a Dios, y en cambio adormecemos nuestro dolor con alcohol, drogas, sexo, trabajo o la televisión, eventualmente el daño llega a ser tan grande que no quedará nada para ser curado. La razón y la conciencia han sido totalmente destruidas. Hemos perdido la habilidad para responder.

¿Cuando esto sucede, que más puede hacer Dios? Aquí nos encontramos con lo que la Biblia llama el "pecado imperdonable" – imperdonable no porque Dios no esté dispuesto a perdonar, sino porque los pecadores se han dañado tanto que han perdido las facultades necesarias para reconocer y responder a la gracia perdonadora que Él nos ofrece gratuitamente.

Si violamos los métodos de Dios por un largo tiempo, llegamos a estar tan dañados que rechazamos cualquier esfuerzo posterior de Su parte para salvarnos. Si destruimos nuestra propia individualidad, Dios no puede restaurarla sin violar la ley de la libertad.

## ¿PODRÍA SER TAN SIMPLE?

Imagina que alguien rechaza los ruegos que Dios nos envía, niega todos los esfuerzos de misericordia y gracia, a tal punto que la imagen interior de Dios ha sido completamente borrada de esa persona. Si Dios quisiera restaurarlos al estado en el que estaban antes de que se destruyeran a sí mismos, entonces ellos simplemente repetirían la destrucción, porque su carácter no ha sido cambiado.

Si, por otra parte, Dios quiere hacer transformaciones en el carácter para que ellos no se vuelvan a herir, entonces habrá creado seres nuevos, y los individuos originales ya no existirían. Y como lo hemos visto, cambiar el carácter de un individuo sin el consentimiento del individuo destruye el amor, algo que Dios nunca hará.

### Hay Una Diferencia Entre Las Reglas Y La Ley

Debemos entender la diferencia entre las reglas de Dios y la ley de Dios. Su ley son los principios universales que gobiernan la vida – por ejemplo, la ley de la gravedad, la ley del amor y la ley de la libertad. Las reglas de Dios son las herramientas que usa, mientras somos niños, para protegernos del daño que resulta de la violación de su ley. Mientras que crecemos para entender e incorporar Su ley en nuestros corazones, necesitamos las reglas. Pero después de que crecemos sus reglas no son necesarias.

Imagina que una de sus reglas para una niña de 5 años de edad es que tiene que cepillarse los dientes antes de ir a la cama todas las noches. Suponte que yo me acerco a la niña y le digo, "No tienes que cepillarte los dientes porque mami lo dice. Más bien tienes que cepillarte los dientes porque es la segunda ley de la termodinámica, que afirma que las cosas tienden al desorden. Si no te cepillas los dientes se van a pudrir".

Tu niña puede mirarme confundida y decir, "Tú no estás apoyando lo que mi mami me dice. Estás en contra de las reglas de mi mami. Tu quieres que yo tenga problemas con mi mamá".

Pero si su niña de 5 años desobedece y escoge no cepillarse los dientes, ¿cuál cree que será su preocupación más importante: que sus dientes se pudran, o que su mama se moleste y la castigue? Y después de que ella ha desobedecido, ¿cuál será la respuesta más factible – simplemente cepillar sus dientes, o recoger unas flores o dibujar un cuadro para calmar a su mama?

Desafortunadamente, la iglesia está llena de bebes en Cristo que nunca han crecido para entender la ley detrás de las reglas. Cuando por primera vez conocen las razones de las reglas, con frecuencia dicen, "Usted no está haciendo lo que dice Dios. Está en contra de su ley. No sigue el patrón de Dios y quiere que tengamos problemas con Él."

# LA BATALLA ESPIRITUAL

Si tales cristianos violan la ley de Dios y cometen un acto pecaminoso, se preocupan más por el hecho de que Dios se moleste que por el hecho de que el pecado destruye sus vidas. Como resultado de esto, desarrollan un sistema teológico basado en como calmar la ira y la rabia de Dios más que cooperar con Él para la restauración de su imagen dentro de nosotros. Al no poder ver que el pecado los está destruyendo, y hacer un juicio equivocado de Dios como molesto y vengativo, usan su tiempo para desarrollar teorías diseñadas para calmarlo mediante un pago, aun afirmando que Él mismo provee el pago perfecto. El énfasis principal no es la curación del daño del pecado, sino evitar el castigo de un Dios molesto y ofendido.

La situación es similar a la de su niña que crece creyendo que si no se cepilla sus dientes tú te molestarás y buscarás hacerla pagar por su desobediencia. ¿Cuánta paz tendrías si su niña finalmente entendiera que no estás molesto con ella? ¿Cuán feliz estarías si ella se da cuenta que simplemente quieres que este bien, que diseñaste las reglas como herramientas para ayudarle mientras le falta la madurez para comprender? ¿Cuán triste estarías si su niña nunca entendiera y permaneciera temerosa por lo que vas a hacer para castigarla?

### María

Mientras trabajábamos con María (la mujer joven descrita al principio de este capítulo), ella pudo reconocer que tenía un fuerte enojo no resuelto y un resentimiento por el maltrato ocurrido en varias relaciones a lo largo de su vida. Ella había interpretado que el abuso de otros era una evidencia que había algo malo en ella. Esto la llevo a una tener una imagen de sí misma bastante distorsionada acompañada por sentimientos de inseguridad. Cada relación en su vida estaba caracterizada por problemas de dependencia que con el tiempo la confundían y dañaban su habilidad para recuperarse.

Empezamos a establecer la confianza terapéutica. Entonces en el contexto de esta relación exploramos muchas experiencias dolorosas y las reexaminamos a la luz de la verdad y la evidencia, razonando desde la causa hasta el efecto. María aprendió a tolerar sentimientos negativos y escogió aplicar las cosas que ella había concluido que eran benéficas sin importar como se sentía respecto a ellas.

Su terapia duró más tiempo que la mayoría de mis pacientes, pero aproximadamente 18 meses más tarde ella era una nueva persona. Había aprendido como ejercitar su razón y su conciencia para explorar los hechos y las circunstancias y a obtener conclusiones razonables. Y había descubierto como ejercer su voluntad para implementar estas conclusiones al enfrentar sentimientos desagradables. Esto dio como resultado una sensación de confianza propia y una autoestima en constante aumento.

## ¿PODRÍA SER TAN SIMPLE?

Cuando escuche de María por última vez, había dejado de tomar cualquier medicamento en más de dos años después que visito el salón de emergencias por unas inyecciones para el dolor. Sus dolores de cabeza habían disminuido, ocurriendo solamente en unas pocas ocasiones y ayudada con acetaminofén. No había vuelto a escuchar voces en más de 2 años, y estaba activa en todos los aspectos de su vida.

Además de hacerse cargo de su casa completamente, asistía a clases de aeróbicos tres veces por semana. Estaba enseñándole a un grupo de mujeres en su iglesia cada semana, e inclusive dio un sermón. El coordinador de la recolección de los fondos para el mejoramiento del edificio de la iglesia dice que ella ha organizado múltiples colectas por medio de lavado de automóviles y de venta de comida.

Para cuando terminamos la terapia su esposo afirmó que ahora tenía la mujer de la que se había enamorado cuando se conocieron por primera vez. Y lo más importante, ellos dos alabaron a Dios y afirmaron que ellos creían que fue la inclusión del aspecto espiritual en el tratamiento lo que hizo la diferencia.

Mi diagnóstico de María fue Desorden de Estrés Postraumático. Las voces que reportó eran experiencias de recuerdos temporales relacionados con su trauma. Aquellos síntomas también habían cesado al final del tratamiento.

Después de que ella empezó a ejercitar su razón y a tolerar sentimientos negativos, uno de los problemas más importantes que María debía enfrentar para resolver su trauma estaba relacionado con perdonar a aquellos que le habían hecho daño. Sus sentimientos de resentimiento y amargura la habían envenenado interiormente y habían arruinado su vida.

Se había aferrado a muchos mitos sobre el perdón que habían impedido su habilidad para perdonar. Al explorar esos mitos y el real significado del perdón, María finalmente fue capaz de encontrar tranquilidad y paz para su corazón. Vamos a explorar algunos de estos mitos en el siguiente capítulo.

---

• Ellen G. White, El Deseado de todas las gentes (Mountain View, Calif,: Pacifica Pres Pub. Assn., 1898), p. 671. Pag 110

## Capítulo 12

# El Perdón

*"El estúpido ni perdona ni olvida; el ingenuo perdona y olvida; el sabio perdona pero no olvida"* – Thomas Szasz

¿Por qué? ¿Porque me sigue pasando esto? Flavia murmuraba entre sollozos mientras me contaba la historia dolorosa de la más reciente infidelidad de su esposo. Tenía alrededor de 40 años, era la hija de un pastor bautista educada en un hogar conservador del sur de los Estados Unidos. Se había casado con su amor de la adolescencia poco después de la graduación del colegio secundario, y al poco tiempo tuvieron dos niños hermosos.

Desafortunadamente, poco después del nacimiento de su segunda hija, Flavia descubrió que su esposo estaba teniendo una aventura. Con dolor, ella le pidió que se fuera de la casa. Pero él rápidamente corrió al pastor para confesar su error y, con lágrimas en los ojos, le explicó que él le había pedido perdón a Jesús, pero su esposa lo había echado de la casa.

Confiando que el pedido del esposo era sincero, el pastor visito a Flavia y le recordó que el Señor Jesús la había perdonado a ella también. Entonces le pidió que perdonara a su esposo y le permitiera regresar con su familia. Ella hizo como el pastor le pidió.

Sin embargo, el tiempo pasó y su esposo continuo siendo infiel a sus votos matrimoniales, y Flavia ahora estaba en mi oficina llorando por la sexta infidelidad de su esposo. Ella me contó que después de cada una de las cinco primeras infidelidades, el patrón fue el mismo. Primero ella lo echaría de la casa, luego el iría llorando al pastor, diciéndole que le había pedido perdón a Jesús. Y cada vez que el pastor le pedía que perdonara a su esposo y lo aceptara de nuevo.

Sin embargo, esta vez ella estaba en mi oficina. Flavia reconoció la importancia de perdonar a su esposo. Al perdonarlo, ella se liberaría de amargura, resentimiento y dolor, y eso le permitía comenzar a sanarse. Pero lo más importante era que ella aprendió que el acto de perdonar a su esposo no lo cambiaba a él – aprendió que su perdón no lo hacía a él una persona confiable. Y hasta que él no fuera una persona confiable, ella sería una tonta al permitirle regresar al hogar. Por lo tanto, Flavia perdono a su esposo, pero no le permitió regresar.

Muchos de mis pacientes llegan con perturbaciones del ánimo crónicas. Cuando empezamos a explorar los factores detrás del problema, frecuentemente descubro resentimientos que han estado en sus vidas por mucho tiempo, y una inhabilidad para perdonar.

Son incapaces de perdonar porque se han encontrado con una amplia variedad de mitos al respecto. La ley de la adoración tiene implicaciones significativas para este problema. Recuerde que la ley de la adoración afirma que llegamos a ser como el objeto que adoramos o admiramos. La gente tiende a perdonar a otros en la forma en la que ellos creen que Dios nos perdona. No es de extrañar entonces, que la mayoría de los mitos sobre el perdón giren alrededor de ideas erróneas sobre la forma en la que Dios perdona.

### Mito 1: El Perdón Vienen Después Que La Persona Que Nos Ofende, Nos Pide Perdón.

Con bastante frecuencia he escuchado a las personas decir, "Yo lo perdonaría con mucho gusto cuando él me pida perdón". El problema de creer este mito es que no toma en cuenta que el perdón sana a la parte ofendida, no al ofensor. Las personas que ofenden experimentan sanación cuando ellos se arrepienten. Cuando ambos (perdón y arrepentimiento) ocurren, entonces se da la reconciliación.

En términos cristianos, la reconciliación – más que el perdón – es necesaria para la salvación, este es un punto bastante malentendido por muchos cristianos bienintencionados que creen que el perdón es todo lo que se necesita.

Supongamos que un amigo de muchos años viene a mi oficina y por alguna razón de repente me da una golpiza, me grita y sale corriendo de mi oficina. Por su puesto, yo no tengo idea de porque él hace esto, pero tengo que decidir cómo voy a reaccionar. Puedo elegir enojarme y buscar venganza, llamar a la policía o agarrar un palo y perseguirlo. Allí mismo, en mi oficina, tengo que decidir cómo voy a reaccionar.

Quizás elija perdonarlo. De ser así, el hecho de que yo lo perdone ¿restaura nuestra relación? No, pero porque decidí perdonarlo, lo persigo, no para vengarme sino para averiguar por qué me golpeo y tratar de restaurar nuestra amistad. Pero mi amigo me ve acercándome, malinterpreta mis intenciones y asume que estoy enojado, así que sale corriendo lo más rápido que puede.

Así esta nuestra relación con Dios. Escogimos rebelarnos contra Él, pero Él nunca – ni siquiera por un instante – se enojó. En cambio, Él nos perdonó inmediatamente. Pero Su perdón no restauró nuestra relación porque nosotros malinterpretamos sus intenciones y salimos huyendo de Él. Y hemos estado huyendo desde entonces.

¿Qué tal si mi amigo decide arrepentirse y viene a pedirme perdón, pero yo me rehúso a perdonarlo? ¿Se restablecerá nuestra relación? No, para que ocurra la reconciliación se requiere tanto el perdón como el arrepentimiento.

Esto también se aplica en nuestra relación con Dios. Desafortunadamente, muchas personas consideran a Dios como rencoroso y que no perdona o como alguien que pide un pago o sacrificio para poder perdonar. Pero eso simplemente no es cierto. De hecho, es la actitud perdonadora de Dios, que viene primero, la que nos lleva al arrepentimiento. El apóstol Pablo declara que, la bondad de Dios nos guía al arrepentimiento (Romanos 2:4).

El Señor ha tomado la iniciativa de venir a buscarnos para restaurar nuestra relación con Él, pero frecuentemente malinterpretamos sus acciones, algo así como el niño que malinterpreta cuando sus padres le dan las vacunas. Por lo tanto, Dios envió a su hijo para que sea uno con nosotros, para demostrarnos el tipo de persona que es el Padre, para que al revelarnos Su carácter pueda guiarnos al arrepentimiento y a la reconciliación.

Desafortunadamente, muchas personas bien intencionadas están confundidas en esto y creen que Dios no nos perdonará hasta que nosotros imploremos Su perdón. Tales personas también tratan a sus amigos de una manera similar, rehusando perdonar hasta que el otro pida perdón. Y este malentendido tan común sobre Dios constituye el mito número 2 sobre el perdón.

### Mito 2: El Perdón de Dios Es Igual a Salvación

Pero eso sencillamente no es verdad. La salvación requiere no solo el perdón de Dios sino también el arrepentimiento por parte del pecador. Cuando Cristo estaba en la cruz, ¿qué fue lo que le dijo al Padre sobre quienes lo habían puesto allí? "Padre, perdónalos porque no saben lo que hacen" (Lucas 23:34). ¿Le pidieron perdón aquellos que lo estaban acusando?

## ¿PODRÍA SER TAN SIMPLE?

¡No! Sin embargo, Dios el Hijo los perdonó. Aunque ellos no lo pidieron, ellos fueron perdonados por el Único que tiene el poder en el cielo y en la tierra para hacerlo.

¿Fueron salvos al ser perdonados? ¿Cambió el corazón de sus acusadores el hecho de que Cristo los haya perdonado? ¿Se convirtieron ahora en amigos de Dios? O ¿eran aún los mismos enemigos, burlándose de Él, crucificándolo? Ellos seguían siendo sus enemigos porque no abrieron sus corazones para recibir el perdón que Él tan libremente ofrecía. Si hubieran abierto sus corazones al perdón de Dios, esto los hubiera llevado al arrepentimiento (un cambio en el corazón) y hubiera ocurrido reconciliación. Desafortunadamente sus corazones estaban tan duros que no pudieron responder.

Juan era miembro de una denominación Cristiana conservadora que creía que para poder ser salvo debía arrepentirse de cada acto de pecado específico. Esta creencia le causó una gran inseguridad en su vida Cristiana. Constantemente se preocupaba de que pudiera olvidarse de confesar algo que le evitara ser salvo.

Llegó a estar tan preocupado que sufrió un ataque al corazón y tuvo que ser llevado rápidamente a la sala de emergencias del hospital, donde su corazón se detuvo cuatro veces. Cada vez, el personal médico le desfibriló el corazón, y cada vez empezó de nuevo. Más adelante él conto que entre cada desfibrilación se despertaba pensando, *espero que no haya ningún pecado que se me haya olvidado confesar que evite que yo entre al reino de los cielos.* Juan creía que Dios no lo perdonaba hasta que el pidiera perdón.

Imagínese a un niño de primer grado que ve uno de sus compañeros de clase con una lapicera que se ilumina al ser apretada. Codiciando la lapicera, se lo roba. Al crecer, él continua robando cosas hasta que un día, ya siendo adulto, la policía lo arresta y lo castiga.

Después de ser capturado, él se arrepiente y experimenta un verdadero cambio de corazón. Desde ese momento en adelante, es honesto en todos sus negocios. Inclusive va más allá de lo necesario para evitar la más mínima deshonestidad. Si tenía alguna duda sobre el pago de sus impuestos, escogía pagar damas antes que hacer algo que pudiera ser tomado como trampa. Luego de aceptar a Cristo como su salvador, vivió en armonía con Dios el resto de su vida. Pero nunca se acordó de la lapicera del primer grado. ¿Cree usted que cuando comparezca en el día del juicio, Dios aparecerá con el siguiente veredicto?

"Tú has sido un amigo fiel y verdadero, así como David, un hombre con un corazón como el mío. Has sido honesto y fiel y tú carácter ha sido sanado. Tú corazón es justo y sé que ama y practica métodos en armonía con

Mis métodos, pero tú nunca pediste ser perdonado por robar una lapicera en primero grado. Lo siento, pero no puedes entrar al cielo".

No podemos imaginar a Dios siendo tan arbitrario. El asunto entonces no es si recordamos cada error que hemos cometido. Por el contrario el asunto tiene que ver con la condición de nuestro corazón y nuestra mente. ¿Hemos sido curados? ¿Ha restaurado Dios su imagen en nosotros?

### Mito 3: Perdonar a Alguien Significa Que Lo Que Hizo Estuvo Bien

Si perdonamos a otros ¿significa esto que estamos aprobando lo que hicieron? Obviamente que no. Pero muchas personas creen que si se perdona a otra persona entonces lo que hicieron ha sido neutralizado o cancelado, y por lo tanto está bien.

Tal malentendido resulta del malentendido básico sobre el pecado que ya hemos discutido. Si el pecado es fundamentalmente un problema legal, y el perdón es un acto judicial de un potentado poderoso, entonces el perdón borra el registro. Y ¡saz! No hay castigo – la persona queda con un registro limpio.

Pero como ya lo hemos descubierto el pecado daña al pecador, y aún si la persona es perdonada, el efecto dañino ya sucedió. La herida de nuestras mentes puede ser curada solo por la obra del Espíritu Santo, por medio del arrepentimiento y la aplicación de la verdad. Aquellos que son perdonados por Dios pero no se arrepienten, no permiten que Dios sane sus mentes dañadas y por ese motivo permanecen perdidos. Los diversos grupos que crucificaron a Cristo caerían en esta categoría.

Pero aún para aquellos que se arrepienten, mientras que experimentan la sanación de su corazón y de su mente, no necesariamente escapan de las consecuencias de sus pecados. Por ejemplo el Rey David cometió adulterio con la esposa de un amigo. Cuando ella quedo embarazada, David asesino a Urías, el esposo, para cubrir el pecado. Después de hacer todo esto, David fue perdonado y se arrepintió. Experimentó un cambio real de corazón y fue reconciliado con Dios, pero Urías estaba muerto y el crimen cometido permaneció. El pecado de David produjo la rebelión dentro del reino y culminó con Absalón intentando destituir a su padre del gobierno.

Si, David fue perdonado, pero ¿se libró de sus pecados? Difícilmente. Aunque David fue perdonado, él por siempre llevo las cicatrices de sus malas elecciones. Cuando perdonamos no estamos aprobando un mal comportamiento. Por el contrario, estamos mostrando la única buena respuesta que se puede dar.

### Mito 4: El Perdón Nos Lleva a Una Mayor Vulnerabilidad

Muchos de mis pacientes han sido seriamente maltratados, abusados

## ¿PODRÍA SER TAN SIMPLE?

y asaltados. Como resultado han desarrollaron un gran enojo y un gran resentimiento. La ira los hace sentir fuertes y menos vulnerables. La idea de no tener tal rabia y resentimiento los hace sentir como si perdieran poder y con un subsiguiente aumento de la vulnerabilidad.

¿Pero acaso el perdón realmente aumenta la vulnerabilidad? Si aquellos que fueron asaltados perdonan a sus asaltantes, ¿significa esto que ahora van a tomar menos precauciones como asegurar las puertas o evitar lugares extraños en la noche? Por supuesto que no. En realidad, tales individuos son generalmente menos vulnerables, porque han llegado a ser más sensibles y, por lo tanto, están más alerta y toman más precauciones.

Adicionalmente, aquellos que se aferran a su amargura y rehúsan perdonar son bombas emocionales de tiempo esperando explotar al más leve toque. Reaccionan fácilmente con rabia, con frecuencia interpretan equivocadamente eventos inocentes e inofensivos, y ven insultos donde no hay ninguno. Tal hipersensibilidad da como resultado menor autocontrol y una mayor susceptibilidad a ser provocados.

Imagina que acabas de regresar de estar recostado en la playa pero desafortunadamente te expusiste demasiado al sol y ahora tienes una quemadura profunda. ¿Qué harías si su hijo salta sobre tu espalda, o su esposa te da un abrazo? ¿Tal vez instintivamente te los quitarías de encima? ¿O quizás automáticamente sientas enojo? ¿Cuánto más si alguien intencionalmente te da una palmada en los hombros? Pero pocos días más tarde, después de que la quemadura ha disminuido, si tu hijo salta sobre tu espalda o tu esposa te da un abrazo, ¿cómo responderías? Cuando perdonamos, sanamos las quemaduras emocionales en nuestro corazón y nos permitimos participar de muchas más experiencias sin dolor o irritación.

### Mito 5: El Perdón Restaura La Confianza

Como vimos en la experiencia de Flavia, perdonar a alguien no cambia a la persona. La confianza está basada en la confiabilidad del individuo. El perdón es un cambio en la actitud del corazón de la víctima, no del asaltante, que resulta en la renuncia a cualquier deseo de venganza por parte de la persona herida. Sin embargo, de ninguna manera, restaura la confianza. La confianza no puede ser restablecida hasta que la parte que realiza la ofensa demuestre que es una persona confiable.

### Mito 6: El Perdón Significa Olvidar

Este mito es un poco más complicado, porque en cierto sentido, el perdón significa olvidar. Sin embargo, tal olvido no significa una pérdida de la memoria.

¿Puedes recordar alguna oportunidad en la que tu hijo/a te mintió y tuviste que disciplinarle? ¿Se arrepintió tu hijo/a y te pidió perdón? Y tú ¿le perdonaste? Ahora que el perdón, el arrepentimiento y la reconciliación han ocurrido, la siguiente vez que tu hijo viene corriendo hacia ti, ¿será que piensas: *Aquí viene ese pequeño mentiroso hijo mío?* Por supuesto que no. Cuando la reconciliación ocurre, la transgresión se olvida *en lo que tiene que ver a la relación actual*, porque ya no es relevante para la relación. ¿Pero acaso se borra de la memoria? ¿O la ocurrencia de los hechos, se pierden de la historia? No. Este tipo de olvido puede suceder con seguridad solo después de la reconciliación. Olvidar, antes que la persona que ha ofendido se arrepienta, nos expondría a un riesgo innecesario.

Este mito también proviene de los malentendidos acerca de cómo Dios maneja las situaciones. En la Biblia Dios afirma que si nos arrepentimos, él no se acordara más de nuestros pecados (Ver Jeremías 31:34; Hebreos 8:12; 10:17). Muchas personas bien intencionadas han tomado estos pasajes para indicar que aquellos que están en el cielo no tienen memoria de los pecados de los justos, y que los pecados de los justos han sido borrados de los registros celestiales. Usemos nuestra *razón* para explorar esta posibilidad y ver si resiste a la evaluación.

Ya hemos mencionado el pecado de David con Betsabé – del cual él se arrepintió y fue perdonado – sin embargo aún existe un registro de su pecado que puede ser leído. Si ha sido borrado de la memoria en el cielo, ¿significa esto que, cuando estamos leyendo nuestras Biblias aquí en la tierra, Dios no permite que los ángeles guardianes miren por encima de nuestros hombros?

Piense en el momento en el que David, Betsabé y Urías se encuentren en el cielo, y Salomón se una a ellos. ¿Reconocerán David y Betsabé que Salomón es su hijo? ¿Recordará Urías que Betsabé era su esposa? ¿Tendrá Urías preguntas para David y Betsabé? ¿Será que tendrán recuerdos de sus vidas aquí en la tierra?

Muchas personas tienen problemas con la idea de que en el cielo tendremos memoria de nuestras vidas en la tierra, porque tienen miedo de como los trataran otros por lo que hicieron en la tierra. No creen que nadie pueda amarlos y ser amables con ellos de saber su oscuro pasado. Analicemos la evidencia de las Escrituras con respecto a esto.

Tomemos la historia de la mujer que fue sorprendida en adulterio y traída ante Jesús. Todos reconocemos que Jesús no la condenó, y nos da ánimo al saber que Él tampoco nos condena a nosotros. Pero considera a aquellos que trajeron la mujer a Jesús. Sus enemigos, quienes estaban planeado Su muerte y eventualmente lo crucificarían. Ahora ellos traían la mujer en un intento por tenderle una trampa.

## ¿PODRÍA SER TAN SIMPLE?

Si Cristo hubiera animado a aquellos que estaban reunidos a apedrear a la mujer adúltera, ellos lo hubieran acusado ante los Romanos de usurpar la autoridad Romana, porque solo el gobierno Romano podía sentenciar a alguien a muerte. Y si hubiera pedido que la mujer fuera liberada, lo hubieran presentado ante el pueblo como alguien que despreciaba la ley de Moisés.

Jesús reconoció que ellos habían planeado la situación para tenderle una trampa. Él sabía que ellos eran sus enemigos; también conocía sus pecados secretos. Consecuentemente, Él pudo haber escogido exponer sus pecados y pedirle a la multitud que se volviera contra ellos. En cambio, el siguió un camino bastante diferente – uno que los líderes religiosos no habían anticipado. Inclinándose, empezó a escribir sus pecados en la tierra– sin nombres. Cada persona observaba sus propias faltas, se sintieron inculpados, de a uno se dieron fueron dando media vuelta y se fueron.

¡Qué asombroso que Jesús protegiera la reputación aun de sus enemigos! Si Dios protegió sus reputaciones, ¿cuánto más lo hará con aquellos que son Sus amigos?

Aquí tenemos una evidencia concreta en la que Dios demostró de una manera amplia cómo quiere que funcione Su universo. En el cielo la memoria estará intacta, pero nadie usara esa información de maneras destructivas. Nuestros recuerdos aún de eventos trágicos servirán para aumentar aún más nuestro amor y aprecio por Dios y Sus métodos. Tales recuerdos protegerán el universo de que vuelva a surgir una nueva rebelión.

¿Y qué acerca de Judas? Jesús sabía que el discípulo planeaba traicionarlo, pero nunca lo expuso ante el resto de los discípulos. De hecho, cuando Judas dejó el aposento alto para ir al templo a hablar con las autoridades, los otros discípulos pensaron que iba a comprar algo o a dar a los pobres.

Dios no se olvida de la historia de nuestras vidas. Pero cuando hemos sido curados y nuestros corazones están en armonía con el Suyo, en lo que concierne a la relación con Él, el asunto está olvidado. Ya no es más un problema, y Dios no lo ha de traer ante nosotros de nuevo.

Imagina que pasaría si tu hijo fuera sometido durante meses a un tratamiento doloroso y miserable contra la leucemia. Este tratamiento deprime el sistema inmune del niño, está débil y frecuentemente siente nauseas. Su cabello empieza a caerse. ¿Será que lo tratarías diferente que a los otros niños? ¿Será que le darías un mayor cuidado, tomarías mayores precauciones y buscarías estar más involucrado?

Pero si la leucemia ha sido totalmente erradicada y su hijo se encuentra bien, ¿le rodearías aun con todas las restricciones y cuidados especiales? ¿Y te olvidarías del rose con la muerte que tuvo su hijo? Por supuesto que no. Pero con respecto al tratamiento y cuidados medicaos que recibe su hijo, después de haber sido eliminada la leucemia no los ha de necesitar más. Así es como es Dios con nosotros. Despúes que hemos sido curados, no necesitamos más precauciones especiales. Todavía tendremos memoria de la historia de nuestra enfermedad, y eso hará crecer nuestra valoración y apreciación de Dios por los esfuerzos especiales que Él ha hecho por nosotros.

Dios olvida nuestros pecados en la misma forma que un padre olvida la leucemia que alguna vez tuvo su hijo. El pecado ya no hace parte de nuestro carácter y por lo tanto ya no es relevante en nuestra relación con Él.

### Mito 7: Perdonar Significa Que La Persona Culpable Se Sale Con La Suya

El último mito y tal vez el más difícil de reconocer y resolver es el que dice que perdonar a alguien significa que el culpable se escapa de la responsabilidad o consecuencias de lo que han hecho. Este mito es el más difícil de reconocer para mis pacientes. Este involucra conceptos erróneos sobre Dios, el problema con el pecado y la solución que Dios nos da para curarlo.

En realidad, nadie se sale con la suya con el pecado porque como lo hemos visto repetidamente, cuando pecamos nos estamos dañando a nosotros mismos (actuamos destructivamente). Con cada acto pecaminoso – y aun con cada mal pensamiento que acariciamos – endurecemos nuestro corazón, nos hacemos más egoístas y malvados.

Algunas personas no ven que el problema con el pecado es que daña al pecador. En vez, creen que alguien que peca debe recibir un castigo impuesto. Cuando no hay castigo, tienen dificultad para perdonar, porque parece como si no hubiera nadie que fuera testigo de lo que hizo el agresor. La correcta comprensión del pecado, sin embargo, se establece en el reconocimiento de que nadie se sale con la suya al pecar – por el contrario, aquellos que pecan, lentamente se destruyen así mismos.

Antonia estaba estresada, molesta e irritable. Su ira era el resultado de un conflicto con un compañero de trabajo que frecuentemente pasaba horas hablando por teléfono con familiares y amigos y trabajaba muy poco. Aunque la negligencia de su compañero de trabajo no le añadía más trabajo a ella, su enojo crecía por su percepción de injusticia. "No es justo", decía ella. "Yo trabajo duro y no hablo por el teléfono todo el día". Antonia estaba perturbada porque no había comprendido la naturaleza del pecado.

Para ayudarla a lidiar con esta situación, le pedí que considerara el siguiente escenario. Si ella acordaba lavar el auto de alguien por $50, aceptaba

## ¿PODRÍA SER TAN SIMPLE?

los $50, pero no lavaba el auto, ¿cómo se sentiría? "Terrible, como una ladrona," respondió Antonia inmediatamente. Ella reconoció que su auto estima y auto-valoración caerían, y la vergüenza, culpa, depresión y ansiedad aumentarían.

Seguidamente le pregunté cómo se sentiría si ella acordara realizar ciertas tareas por un pago prescrito, aceptara el pago, pero no realizara las labores acordadas. Como Antonia no logró hacer una conexión, le hice la siguiente pregunta: Si tu esposo no se cepillara los dientes, ¿creerías que él está haciendo un mejor negocio? Ella se dio cuenta que tal idea no sería buena, porque sus dientes eventualmente se le dañarían sino se cepillara. Ese es el punto: El compañero de trabajo que le hacía trampa al jefe estaba haciendo que se le dañara algo más valioso que los dientes – él estaba destruyendo su propia alma. El punto entonces llegó a ser obvio para Antonia. Ahora fue capaz de ver que el compañero de trabajo no estaba sacando ningún provecho de su actuar, sino que por el contrario se estaba dañando a el mismo.

Los malos entendidos sobre el carácter de Dios y su perdón han circulado por el mundo por siglos. George Mac Donald, el famoso teólogo del siglo diecinueve, enfrento estos mismos problemas:

"El Señor no vino a liberar al hombre de las consecuencias de sus pecados mientras aquellos pecados aun permanecieran.... Sin embargo, al no sentir nada de rechazo por su pecado, el hombre ha mantenido constantemente esta idea de que venir a liberarlos de sus pecados significa que El Señor vino a salvarlos del castigo por sus pecados"

"Esta idea ha corrompido terriblemente la predicación del evangelio. El mensaje de las buenas nuevas no ha sido verdaderamente comunicado a las personas. Incapaces de creer en el perdón del Padre Celestial, imaginándolo sin libertad para perdonar, o incapaz de perdonar; sin creer que Dios es completamente nuestro salvador, sino un Dios atado – ya sea en su propia naturaleza o por una ley superior a Él y obligado por ella – a extraer alguna recompensa o satisfacción por el pecado, una multitud de maestros religiosos han enseñado a sus miembros de iglesia que Jesús vino a cargar nuestro castigo por el pecado y salvarnos del infierno. Pero con esa idea, han malinterpretado su verdadera misión."[1]

El propósito que Dios está tratando de lograr en nuestras vidas es la sanación y transformación de nuestros corazones y mentes, aquí y ahora. Esto incluye mucho más que el simple perdón. Al aprender a perdonar a otros, cooperamos con Dios en la sanación de nuestras mentes.

Si esto es aún un poco confuso, considere el caso del asesino serial Jeffrey Dahmer, quien asesino a muchas personas, los cortó en pedazos, y los puso en su refrigerador. Aunque Jeffrey Dahmer ya murió, vamos a imaginar que aún está vivo y el presidente lo perdona, y lo deja libre. ¿Te gustaría que Jeffrey Dahmer fuera tu vecino? ¿Por qué no? Después de todo, fue perdonado. Pero ¿habrá cambiado? ¿Sería un vecino confiable con el cual convivir? ¿O se habrá retorcido tanto su mente que no es seguro para usted tenerlo como vecino? Aquí está la pregunta más importante en el problema del pecado. El pecado nos daña, y solo aquellos que cooperen con Dios para la restauración de Su imagen en nuestro interior, serán salvo.

La Biblia habla de esta transformación en varias formas: como ser recreados en la persona interior, tener la mente de Cristo, tener la ley de Dios escrita en nuestro corazón y mente, caminar en el Espíritu y no en la carne, tener la circuncisión del corazón por medio del Espíritu, ser una nueva criatura y nacer de nuevo. Todas estas metáforas apuntan a una misma idea: ser cambiados, sanados, restaurados, sanar la herida del pecado, reemplazar el egoísmo por la ley del amor y la libertad, tener ennoblecida la razón y la conciencia pura dirigiendo una voluntad firme y mantener el autocontrol, ser uno con Dios en método, principio y motivo; y funcionar basándonos en la ley del amor y la libertad.

Luego del ataque terrorista el 11 de Septiembre del 2001, muchas personas anhelan una sociedad más segura. Quieren un lugar donde no hay que temer, donde no se necesiten guardias de seguridad patrullando con rifles y donde se pueda confiar en los demás. Este es exactamente el motivo por el cual solo aquellos que cooperen con Dios en la transformación del corazón entraran al cielo. En el cielo entrarán solamente aquellas personas que estén a salvo, aquellos en los que se pueda confiar. Solo aquellos que recobren la habilidad de auto-controlarse y auto-gobernarse serán capaces de manejar la libertad absoluta en el universo de Dios. El perdonar a otros es uno de los pasos que tomamos al cooperar con Él en nuestra propia sanación y transformación.

---

[1] George Mac Donald, Discovering the character of God (Minneapolis: Bethany House 1989), p. 39.

Capítulo **13**

# Las Víctimas de la Guerra

Luego de los atentados terroristas al World Trade Center (Torres Gemelas) y al Pentágono el 11 de septiembre de 2001, muchos de mis pacientes me preguntaron, "¿Por qué Dios permite que sucedan tales cosas?" "¿Por qué le pasan cosas malas a la gente buena?" "¿Por qué Dios no protege al inocente?" Durante el servicio de oración nacional por las víctimas del ataque del 11 de septiembre, Billy Graham hizo las mismas preguntas indicando que él también estaba buscando repuestas.

De nuevo puedo ver la cara de mi paciente descrita al inicio del libro y escuchar su llanto. Una ver más me encuentro desconcertado por su llanto y por su búsqueda desesperada por respuestas a tales preguntas. Esto me recuerda mi inhabilidad para brindarle respuestas significativas. Y ahora, quisiera poder encontrarlas para poder decírselas.

### ¿Porque Un Dios de Amor Permite Tanto Dolor?

En su enojo, Gabriel irradiaba una ira que parecía estar a punto de erupcionar como un volcán a la más mínima provocación. Esta ilusión estaba reforzada por el color rojizo de su cabello y por su cara. Después de que su rabia explotó, su rostro de puso rojo como un termómetro.

Midiendo casi dos metros y pesando 150 kilos, el tendía a ser de algún modo intimidante para aquellos que lo rodeaban. Debido a que su rabia se manifestaba tan frecuentemente esto le causaba un gran número de problemas en el trabajo, su empleador sugirió que Gabriel buscara ayuda para manejar su rabia y así evitar perder su trabajo.

Cuando me visitó por primera vez, Gabriel era reservado y resistente a expresarse libremente. Sin embargo, después de varias sesiones, con dolor contó que su tío lo había abusado cuando él tenía 6 años de edad. Desde esa oportunidad, confundido sexualmente y preguntándose si era homosexual, había luchado por encontrarse a sí mismo. Tal duda lo había llevado a odiarse y a ridiculizarse constantemente en su propia mente.

Tan ofensiva era la posibilidad de que él fuera homosexual que repetidas veces dijo que prefería quitarse la vida a seguir tal estilo de vida. Gabriel se rechazaba a sí mismo por tener tal confusión de sentimientos y estaba molesto con Dios por permitir que lo abusaran. Culpaba al Señor por la confusión que tenía sobre su sexualidad y luchaba por encontrar algunas respuestas como, por ejemplo, ¿por qué Dios permitiría que un niño inocente sufriera?

Su odio hacia Dios y él mismo era tan severo que había desarrollado una actitud cínica, no confiaba en nadie y ridiculizaba a todos. Constantemente encontraba errores en los demás, respondía con irritación si alguien trataba de ser amigable. Intencionalmente alejaba a las personas, especialmente si había un pequeño signo de atracción. Aunque le tenía miedo a intimar con otra persona, él se quejaba amargamente de su vida solitaria y su anhelo de tener una esposa y una familia. El hombre estaba confundido, herido y perdido.

Empezamos a explorar los asuntos a la luz de los principios de Dios de la verdad, el amor y la libertad. Gabriel necesitaba ser capaz de darle sentido a su vida, de desarrollar una comprensión de su situación que le ayude a poder curarse. El creía que si Dios realmente era amor, entonces nunca permitiría que nadie abusara de los niños. Ya sea que se diera cuenta o no, él estaba haciendo una de las preguntas más antiguas: ¿Por qué un Dios de amor permite tanto dolor?

### Primero: Hay Una Guerra Universal

La única manera de responder a esta pregunta adecuadamente es tomar la visión más amplia posible. Debemos poner el problema en su contexto apropiado, el cual es en el contexto de la guerra. No una lucha entre gobiernos locales o un conflicto global. No, este conflicto involucra al universo entero, y nuestro planeta es el campo de batalla. Las fuerzas involucradas han estado batallando por milenios, y los asuntos que están en juego son el amor, la libertad y la individualidad. No es una pelea de poder y fuerza, ni con balas o tanques, ni con espadas flameantes, en cambio es una batalla alrededor de dos métodos, dos principios, dos motivos – entre los principios del egoísmo y del amor. Es en el contexto del conflicto universal que debemos buscar entender estas preguntas difíciles.

## ¿PODRÍA SER TAN SIMPLE?

Durante la segunda guerra mundial los Estados Unidos enviaron muchos de sus hombres jóvenes a pelear por la libertad en Europa y Asia. ¿Acaso alguien se sorprendió que se les dispara a nuestros soldados, que fueran heridos o muertos? Nadie pensó que eso era impensable o sorprendente. Por esto nadie se quejó, "¿Por qué les siguen pasando cosas malas a nuestros soldados?" Nos dimos cuenta que estábamos en guerra contra un enemigo decidido a matar soldados.

De una manera similar, en este planeta, tenemos un enemigo decidido a herir y a destruir a tantos como pueda. El apóstol Pedro nos recuerda nuestra necesidad de estar alerta: "Sed sobrios y velad; porque vuestro adversario el diablo, como león rugiente, anda alrededor buscando a quien devorar" (1 Pedro 5:8).

Pero mientras nuestro oponente busca destruirnos, el objetivo de Dios es salvarnos: "Si Dios está con nosotros, ¿quién contra nosotros?" (Romanos 8:31 RV 2000) Pero si de hecho, Dios está de nuestro lado, ¿por qué las cosas malas aun afectan a sus amigos? ¿Por qué permite que pasen? Si Él es todo poderoso, entonces ¿por qué no interviene para prevenir tal dolor?

### Esta No Es Una Guerra De Poder

Primero, esta guerra no es simplemente una cuestión de quién tiene más fuerza. Satanás nunca ha afirmado que tiene más poder que Dios. La Biblia nos recuerda que los demonios creen y tiemblan (Santiago 2:19). Consciente del poder de Dios, Satanás sabía que sería inútil intentar destronar a Dios por la fuerza. Por lo tanto, el buscó alejarnos de Dios por medio de la intimidación diciendo que el Señor abusa de Su poder y que nosotros no tenemos libertad. Como hemos visto en capítulos anteriores, la ley de la libertad respeta la individualidad. Cuando algo viola la ley de la libertad, se destruye el amor. Satanás presentó de una manera falsa a Dios como una persona abusiva en un intento de instaurar el rechazo contra Dios y de ese modo borrar el amor e incitar la rebelión.

Pero Dios amó tanto al mundo que envió a su Hijo unigénito, no para condenar sino para salvar. En otras palabras, Él envió a su Hijo para revelar su amor por nosotros y de esa manera despertar el amor en nuestros corazones.

### Esta Guerra Gira En Torno Al Amor

El amor no puede ser ganado por la fuerza. Solo por medio del amor se puede despertar el amor en otra persona. Dios envió a su hijo para demostrar que, aun cuando la misma vida de Dios está en juego, los principios del amor y la libertad son demasiado importantes como para ser violados. Cristo no usaría su poder para salvarse a sí mismo en la cruz. ¿Por qué? Porque al hacerlo probaría que Satanás estaba en lo correcto al decir que Dios es arbitrario, una deidad caprichosa que utiliza Su poder para manipular con el fin de conseguir sus objetivos. En tal universo el amor y la libertad no existirían.

Pero Cristo reveló exactamente lo opuesto – que con Dios tenemos verdadera libertad. El Señor respeta tanto nuestra libertad que moriría antes que forzarnos a aceptar su voluntad. Pero la verdadera libertad trae consigo grandes riesgos – uno de ellos es la rebelión y el abuso.

### Solo Aquellos que Son Curados Podrán Ser Vecinos Confiables

Luego de los ataques al World Trade Center (Torres Gemelas) y al Pentágono, debido a las amenazas de terrorismo presentadas diariamente en las noticias, las personas anhelaron más que nunca un territorio libre de temor, crimen, y del abuso de la libertad. Un territorio que no necesitara ejércitos para perseguir a los terroristas o la policía para patrullar las calles.

Tal lugar existirá solo si es habitado por personas que han escogido libremente cooperar con Dios para sanar sus mentes. El universo será un lugar seguro cuando esté habitado por individuos que valoran y practican los métodos del amor y la libertad. Solo aquellos que hayan cooperado con Dios en la restauración de Su imagen interior serán salvos, ya que solo aquellos que han sido sanados pueden llegar a ser vecinos confiables.

Dios, por lo tanto, permite que los individuos desarrollen sus caracteres aquí en la tierra de acuerdo con el libre ejercicio de su voluntad individual. Si Él quisiera intervenir en la mente de alguno para forzar a ese individuo a escoger una acción particular, entonces la persona ya no sería un ser libre, sino un autómata controlado por Dios. Tal individuo sería incapaz de amar, y se limitaría a llevar a cabo los comandos bajo los cuales fue programado. Lo que Dios desea no puede ser conseguido usando su poder y su fuerza. La confianza debe ser restaurada solo por medio de la revelación de la verdad en amor y entonces las personas son libres para concluir por si mismos lo que deben hacer al respecto.

### Segundo: La Disciplina

La ley de la libertad requiere que todos tengamos que decidir por nosotros mismos cual método vamos a escoger. Por medio de escoger lo que es correcto, cooperamos con Dios en la transformación de nuestros corazones y mentes. Pero todos con cierta frecuencia nos hemos enredado tanto en malos comportamientos como en relaciones en las que no somos capaces de reconocer la verdad. Por lo tanto, como un buen padre, Dios disciplinará a aquellos que ama como un esfuerzo por despertar sus mentes al peligro en el cual se encuentran.

¿PODRÍA SER TAN SIMPLE?

Las pruebas frecuentemente ocurren para ayudarnos a ver más claramente las cosas malas en nuestras vidas, para que podamos decidir cambiarlas. Como uno de mis colegas dijo: "El dolor es el fertilizante del alma". Es durante los momentos difíciles que con frecuencia experimentamos el crecimiento más grande. Estos muestran nuestro verdadero carácter y sacan nuestros defectos a la luz, dándonos la oportunidad de sanar y crecer. Considera los siguientes textos Bíblicos:

"Hermanos míos, tened por sumo gozo cuando os halléis en diversas pruebas, sabiendo que la prueba de vuestra fe produce paciencia. Mas tenga la paciencia su obra completa, para que seáis perfectos y cabales sin que os falte cosa alguna" (Santiago 1:2-4)

"En lo cual vosotros os alegráis, aunque ahora por un poco de tiempo, si es necesario, tengáis que ser afligidos en diversas pruebas, para que sometida a prueba vuestra fe, mucho más preciosa que el oro, el cual aunque perecedero se prueba con fuego, sea hallad en alabanza, gloria y honra cuando sea manifestado Jesucristo" (1 Pedro 1:6,7)

"Yo reprendo y castigo a todos los que amo. Se, pues celoso y arrepiéntete. (Apocalipsis 3:19)

"Porque Tú nos probaste, oh Dios: Nos ensayaste como se afina la plata" (Salmos 66:10)

¿Qué quieren decir estos textos? Imagina que has estado en un accidente automovilístico y se ha quebrado tu pierna. El doctor ha arreglado el hueso y ahora es momento de la fisioterapia. ¿Cómo crees que se sentirá la fisioterapia? ¿Habrá dolor en el proceso de curación? Ahora considera una mujer que sufrió abuso sexual cuando era niña y ha entrado en psicoterapia para curar el daño que ocurrió. De nuevo, ¿habrá dolor en la terapia?

Estamos enfermos. Debido a que nuestras mentes son defectuosas, utilizamos métodos destructivos para relacionarnos y para enfrentar la vida. El proceso de curación es doloroso. Pero si después de habernos fracturado la pierna, iniciamos la fisioterapia, ¿disminuirá el dolor y la fuerza y la autonomía regresarán? Si la mujer que fue abusada trabaja su abuso en terapia, ¿disminuirá el dolor y su carácter será más sano?

Dios entiende que la sanación incluye dolor. Él también sufrió dolor para poder curar este universo. Sin su sacrificio personal Él no hubiera podido restaurar la paz y el bienestar del universo.

### ¿Por qué Jesús Tenía Que Morir?

¿Pero por qué Dios tenía que hacer tal sacrificio? ¿Cómo es que su dolor cura su universo? ¿Por qué fue necesaria la muerte de Cristo?

## LAS VÍCTIMAS DE LA GUERRA

Porque nada más podría haber ganado nuestra completa confianza, a medida que se aseguraba al universo contra una futura rebelión. El amor no puede ser forzado. Nuestro amor debe ser libremente dado.

Para poder amar a Dios, debemos llegar a conocerlo. En nuestra condición caída hemos perdido de vista su verdadero carácter y métodos. Las distorsiones de Satanás han oscurecido nuestras mentes. Solo la revelación del carácter divino pudo remover las malinterpretaciones de Satanás. Y solo uno igual a Dios podría revelar claramente ese carácter.

Cristo vino como Dios en carne humana para vencer la oscuridad en la cual Satanás había envuelto al mundo. La vida del salvador y su muerte refutan las mentiras que Satanás ha dicho sobre Dios y vindica su carácter y gobierno frente a la humanidad y el universo observante. "Por cuanto agrado al padre que en Él habitase toda la plenitud, y por medio de Él reconciliar consigo mismo todas las cosas, así lo que está en la tierra como lo que está en los cielos, haciendo la paz mediante la sangre de su cruz" (Colosenses 1:19,20)

Cristo mismo afirmo que su misión era revelar el carácter del Padre a la humanidad para poder restaurar el amor de Dios en nuestros corazones. En su oración final a su Padre antes de su crucifixión, Cristo afirmó, "Y les he dado a conocer Tu nombre y lo daré a conocer aún, para que el amor con que me has amado este en ellos y yo en ellos" (Juan 17:26).

Jesús murió para demostrar que aunque Dios tenía el poder absoluto, Él nunca lo usaría para restringir nuestras libertades individuales – para que podamos tener una libertad real en su gobierno.

Quizás has escuchado el adagio que dice que el poder corrompe y el poder absoluto corrompe absolutamente. La cruz de Cristo, sin embargo, revela que Dios no es corrupto, aunque tiene el poder absoluto.

Piensa en esto. El Dios todo poderoso, podría usar su poder para forzarnos a hacer las cosas a su manera, pero en cambio nos da libertad de tomar nuestras propias decisiones. El respeta la individualidad y la libertad de sus criaturas inteligentes, ¿puede haber algo más glorioso que esto?

### La Gloria de Dios

Muchas personas conciben la gloria de Dios como una gran muestra de fuerza, poder y fuego, pero la Biblia enseña que su gloria más grande se revela en su carácter. Debido a que somos finitos, muchos humanos frecuentemente reaccionan con temor a un Dios todo poderoso. Desafortunadamente, este temor con frecuencia conduce a la rebelión. Una vez que Satanás hizo sus acusaciones, Dios no podía ganar su caso mediante una muestra de poder, ya que inevitablemente hubiera resultado en una sumisión basada en el terror.

Dios nunca utiliza tácticas coercitivas, porque son contrarias a su carácter benevolente. El uso de la fuerza y poder para presionar a las personas a seguir su camino viola la ley de la libertad y resultaría en una rebelión posterior. Tales métodos pertenecen a Satanás. Si Dios los empleara, Él perdería su caso. Aunque Él tiene un poder inmenso, esa no es la fuente de su gloria, porque el poder solo nos intimidaría, llevándonos a temerle y subsecuentemente destruiría nuestro amor por Él.

El teólogo del siglo diecinueve George Mac Donald afirmó la misma idea: "¿Qué es lo más fuerte de Dios? ¿Su poder? No, porque el poder no podría hacer de Él lo que nosotros queremos decir cuando decimos Dios... Un ser cuya esencia fuera solamente poder sería una negación de lo divino y ninguna adoración justa podría ser ofrecida a Él, solo un servicio basado en el temor".

El poder no es lo importante. En cambio, lo más importante es la confiabilidad del único Ser que posee todo el poder. Es la una demostración de su carácter – el carácter del Único que tiene todo el poder - lo que es la fuente real de la gloria divina. Por ejemplo, aunque Dios es todo poderoso, Él nunca puede ser provocado – aun en las más circunstancias más horribles y abusivas – a usar su poder para su propio interés. Cuando la humanidad reconozca esto completamente, se restaurará la confianza y se regenerará el amor, y abriremos nuestros corazones y mentes a Él para que nos sane y nos restaure.

La Biblia es clara en este punto. El libro de Ageo declara que la gloria del segundo Templo Judío sería más grande que la del Templo de Salomón (Ageo 2:7-9). La profecía se refiere al edificio que los judíos reconstruyeron después de regresar del cautiverio Babilónico.

Pero en el libro de Esdras leemos que los levitas más ancianos y jefes de familia se lamentaron cuando vieron el segundo Templo porque era tan pequeño en comparación con el de Salomón (Esdras 3:12). ¿Si el segundo Templo era más pequeño que el primero, como podía ser más glorioso? La mayoría de los estudiosos de la Biblia explican que el segundo Templo fue más glorioso porque Jesús camino en su atrios.

Pero en 2 de Crónicas leemos que cuando el Templo de Salomón fue dedicado, los sacerdotes no pudieron entrar debido a que la luminosidad de la gloria de Dios que era muy grande (2 Crónicas 5:13,14). En otras palabras, Dios vino a ambos templos – uno en su esplendor al descubierto, y al otro en forma humana – sin embargo Ageo afirma que el segundo templo fue más glorioso. ¿Por qué? Porque fue en el segundo Templo donde Cristo reveló el carácter de Dios. Porque fue en el segundo Templo donde Cristo mostró que

Él preferiría permitir que sus criaturas abusaran de Él antes que usar su poder de manera egoísta. En el segundo Templo, Cristo demostró que podemos confiar en el Único que tiene todo el poder.

Cuando Moisés habló con Dios en la montaña, pidiéndole al Señor que le mostrara Su gloria, ¿que hizo Dios? Él le respondió a Moisés, "Haré pasar todo mi bien delante de tu rostro" (Éxodo 33:19). Entonces Dios pasó frente a Moisés, que proclamó, "¡Jehová! ¡Jehová! fuerte, misericordioso y piadoso; tardo para la ira y grande en misericordia y verdad; que guarda misericordia a millares, que perdona la iniquidad, la rebelión y el pecado, y que de ningún modo tendrá por inocente al malvado, que visita la iniquidad de los padres sobre y sobre los hijos de los hijos, hasta la tercera y cuarta generación" (Exodo34:6,7).

Fue en la cruz en donde Dios presentó la más grande demostración de amor de su carácter. Por medio de la cruz vemos claramente que Él es misericordioso, compasivo, perdonador, paciente, bondadoso, fiel y verdadero. La cruz revela que nada que hagamos lo provocará a usar su inmenso poder de una manera egoísta. Aunque Él es todo poderoso, es aún más misericordioso. El creador respeta la individualidad de sus criaturas inteligentes, aun si abusamos de la individualidad e intentamos destruirlo.

**Tercero: Una Revelación de los Dos Motivos Antagónicos**

Lo que sucedió en la cruz ayuda a explicar en alguna medida por qué cosas malas le pasan a la gente buena. Vivimos en un planeta que funciona en base a principios de Satanás, como el de la supervivencia del más fuerte – primero el yo – y los eventos de nuestro mundo ilustran los dos grandes motivos o métodos antagónicos.

Dios demuestra que el amor solo puede existir en una atmósfera de libertad, en la que nadie puede ser obligado o forzado. El Señor nos muestra que con Él siempre tendremos libertad real, aunque pueda estar acompañada de dolor algunas veces.

Satanás nos lleva al abuso de nuestras libertades para herirnos a nosotros mismos y a otros, y entonces nos engaña al hacernos creer que es el resultado del castigo de Dios o que Él no se interesa o no puede. Pero el diablo tiembla ante la posibilidad de que podamos llegar a ver las cosas como son. El teme que podamos darnos cuenta que Dios no podría controlar nuestras acciones y amarnos a la vez. Si Él intentara hacerlo, destruiría el amor.

La libertad es esencial para que exista el amor. Igualmente el amor y la libertad presentan un gran riesgo a ser herido. La razón por la que Dios no ha terminado con nuestra rebelión contra Su ley de amor y libertad, es que

## ¿PODRÍA SER TAN SIMPLE?

muchos aquí en nuestro planeta no han comprendido aun el problema y no han tomado la decisión inteligente de aceptar el saneamiento que Él ofrece. Dios espera pacientemente, queriendo que todos sean sanados.

El asunto en juego es la curación de la mente por medio del ennoblecimiento de la razón, la purificación de la conciencia, el fortalecimiento de la voluntad, la purificación de los pensamientos y la recuperación del control de los sentimientos. Esto incluye el restablecimiento de los pensamientos y acciones basados en la razón, la verdad, el amor y la libertad.

Dios no puede cambiar nuestro corazón ni nuestras mentes a la fuerza. Por el contrario, Él nos deja libres para llegar a nuestras propias conclusiones por medio de la revelación de la verdad hablada con amor. Desafortunadamente, el falso evangelio no permite que esto suceda ya que mal representa a Dios. A cambio de implantar la confianza, implanta el temor en la mente humana.

### Un Falso Evangelio

Una enseñanza religiosa popular afirma que el problema con el pecado no se encuentra en nuestra mente y corazón enfermo, sino en la ira y la enojo de Dios. También afirma que Cristo vino a morir para calmar su ira. Aún más, declara que Cristo está el cielo rogándole a su padre por nosotros de modo que cuando comparezcamos en el juicio, Dios verá, no nuestra pecaminosidad, sino la justicia perfecta de Cristo.

Este punto de vista con frecuencia se disfraza como un lobo en piel de oveja por medio de frases tan usadas como "cubierto por la sangre", "lavado en la sangre", "cubierto por el manto de la justicia de Cristo" y similares. Lejos de lo que profesa, este falso punto de vista es de hecho la teoría de la manzana podrida cubierta con dulce. Afirma que no es necesario ningún cambio de corazón; solamente se necesita cubrir el corazón podrido con la "Sangre de Cristo", entonces es presentado perfecto y puede pasar el escrutinio del juicio. Como ya lo hemos visto, solo aquellos que han cooperado con Dios en la transformación del corazón podrán entrar al cielo, porque sin el cambio de corazón no seriamos aptos para estar en él.

### El Pecado Es Como La Viruela

Si uno de tus hijos viniera con viruela, ¿dejarías que tu hijo permaneciera en la casa con tus otros niños? ¿O querrías proteger el resto de los niños de la infección? Si decides que el niño infectado no se quede, ¿significaría que no lo amas? Por supuesto que no. ¿Estarías dispuesto a arriesgar tu propia salud dejando a tus hijos sanos en casa y salir a buscar cualquier asistencia que pudieras conseguir para tu hijo enfermo?

## LAS VÍCTIMAS DE LA GUERRA

¿Si tuvieras anticuerpos en tu sangre que podrían curar al niño, pero el niño se rehúsa a una transfusión de sangre, que pasaría? ¿Matarías a tu hijo? ¿Moriría tu hijo?

Dado a que estamos enfermos y no somos idóneos para el cielo, Dios dejó su hogar celestial para traernos la cura – la verdad misma. i rechazamos la cura, el resultado de nuestra elección será la muerte.

Vemos esta realidad revelada en la historia del Antiguo Testamento que ocurrió después del éxodo de Israel de Egipto. Poco después de dejar la cautividad, Miriam y Aarón se pusieron celosos de Moisés y empezaron a discutir sobre quien debería dirigir el pueblo. Dios intervino dándole lepra a Miriam. Miriam tuvo que dejar el campamento y no pudo regresar hasta que fue curada (Números 12).

La lepra es una metáfora bíblica del pecado. Somos leprosos con mentes que operan basadas en principios opuestos a los métodos de Dios. Solamente aquellos que cooperen con Dios en su curación podrán ser capaces de entrar en el campamento celestial. Tal curación es el proceso de recuperación de nuestra individualidad, la habilidad de pensar y actuar libre de la dominación de nuestra debilidad genética y de acuerdo a los principios de amor, verdad, sinceridad y libertad.

Algunos malinterpretan esta realidad. En vez de enfocarse en quién nos cura y el tratamiento, se concentran en su propia condición. Al encontrar fallas internas, dudan de su salvación. Muchos de mis pacientes están consumidos en la inseguridad sobre su salvación porque continúan reconociendo defectos dentro de ellos mismos. Ellos fracasan en ver que el problema no está en los errores del pasado o en las luchas presentes, sino en estar involucrados en el proceso de curación.

### La Clave Es Permanecer En El Camino De La Vida

Supongamos que te has enfermado de neumonía en ambos pulmones, y tus síntomas incluyen fiebres severas, respiración superficial y falta de fuerzas. Si no haces nada, ¿no estarías en el camino de la muerte?

Pero si vas al médico y empiezas un tratamiento que incluye antibióticos, ¿no habrá entrado en el camino de la vida? ¿Crees que puedes estar completamente bien el mismo día en el que dejas el camino de la muerte e inicias el camino de la vida (empezando con los antibióticos)? Por supuesto que no. Pero, ¿inicias la curación en el día que empiezas a tomar los antibióticos? Mientras permaneces en el camino de la vida (tomando sus antibióticos y asistiendo a las citas con su doctor), puede asumir con seguridad un resultado positivo.

## ¿PODRÍA SER TAN SIMPLE?

En el proceso de recuperación de la neumonía, seguramente podres experimentar más fiebres, escalofríos, sudoraciones y expectoraciones desagradables. ¿Son tales síntomas la evidencia de que tu condición está empeorando? ¿O puedes inclusive toser más flema después de que los antibióticos empiezan a atacar la infección?

Cuando entramos en el camino de la vida y empezamos a trabajar con Dios para la curación de la mente, en el trayecto, frecuentemente nos enredamos en algunas cosas dañinas. Los defectos de carácter algunas veces salen a flote y se cometen errores. Pero aquellos errores no indican que hemos perdido la salvación. En cambio, muchas veces evidencian la lucha en el esfuerzo por expulsar tales defectos de nuestro carácter.

Una vez que comienzas a tomar los antibióticos para tratar la neumonía, si decides dejar la medicación y no visita al doctor, ¿qué pasará? Después de que hemos venido a Cristo, y escogemos dejar de caminar con Él y no cooperamos más con Él para la curación de nuestras mentes, ¿qué es lo más posible que suceda?

Los doctores no matan a aquellos pacientes que no siguen sus indicaciones, pero ciertamente esos pacientes con frecuencia mueren. Los hijos rebeldes de Dios también perecerán. Así como el costo de no seguir el tratamiento médico es la muerte, así también el costo del pecado es la muerte. Ambas situaciones ocurren como una consecuencia inevitable de escoger el camino del auto destrucción.

La muerte viene a aquellos que practican el mal como una consecuencia de su violación a los principios universales que gobiernan la vida – debido a que han ignorado persistentemente las leyes de la libertad y el amor. Recuerda que ambas leyes no son actos legislativos, sino que son similares a la ley de la gravedad – una realidad constante en el universo. A causa de la ignorancia de la humanidad de estos problemas, Dios ha intervenido para suspender las consecuencias de romper las leyes de amor y libertad, y a cambio, dio a los seres humanos la oportunidad de ser liberados.

### Dios Suspende Las Consecuencias Por Un Tiempo

Imagínate en la cima del edificio Empire State. Dios ha dicho, "El día que saltes del Empire State, de seguro morirás".

Inmediatamente Satanás, en forma de un águila (en vez de serpiente), viene y pone en duda la confiabilidad de Dios. "¿Realmente dijo Dios que el día en el que saltes morirás? Oh, no. Mírame a mí. Puedo volar porque salté. Dios solo está tratando de evitar que vueles" Así que saltas. Que escena. El aire pasara rápidamente, la velocidad aumenta, ciertamente estás volando.

Pero entonces te das cuenta que solo vas en una sola dirección– hacia abajo. Desbordado por el temor, te das cuenta que si las cosas no cambian, de seguro morirás.

Mientras el temor se apodera de ti, Dios de repente te alcanza y te detiene en la mitad de su recorrido hacia abajo. Al suspender las consecuencias, Él misericordiosamente te da una oportunidad para que entres por una ventana y vivas. Él ahora envía a su Hijo a ser lanzado del edificio para mostrarte lo que sucede. Pero esta vez permanece inmóvil y no suspende las consecuencias para su Hijo. Al escuchar a Cristo decir, "Dios mío, Dios mío, ¿por qué Me has abandonado?", vemos que en vez de alcanzar un estado superior de existencia, la violación de la ley de la gravedad trae como resultado la muerte, como una consecuencia natural, no como una pena impuesta.

Pero si persistentemente le dices a Dios que se vaya de tu vida, si repetidas veces rechazas Sus esfuerzos y decides saltar por la ventana y seguir por su propio camino, Él respetará tu libertad y te permitirá hacer como tú desees. Y cuando Él te suelte, caerás directo hacia tu propia muerte, el resultado natural de la violación de la ley universal de Dios.

### Dios No Es Como Lo Han Mostrado Sus Enemigos

La teoría de que Dios es implacable y requiere ser calmado, lo transforma en un dictador arbitrario que se complace con sacrificios. Esto crea una disparidad entre el Padre y el Hijo, particularmente cuando te das cuenta de que esta teoría presenta a Cristo como un mediador misericordioso que le ruega a su Padre vengativo protegernos de su ira. Aquellos que se rehúsan a entregar su razón, correctamente han rechazado esta teoría.

Desafortunadamente, nosotros como Cristianos, con mucha frecuencia, hemos fallado en presentar efectivamente la verdad de que Dios no es así, permitiendo que muchos rechacen completamente la idea de un Dios de amor. Hemos fallado en declarar la verdad que nos dice que Cristo es el enviado de Dios, su Representante, su Embajador, que nos trae la verdad sobre Dios, sus métodos y principios. Hemos dejado a muchos en la disyuntiva de entregar la razón o rechazar a Dios. Dadas estas dos elecciones, muchas personas prefieren rechazar a una deidad que requiere que uno entregue su razón, antes que aceptar un sistema de creencias irracional.

Las buenas noticias: de la manera en que se presentan en este libro, son que Dios no es así. El respeta nuestra individualidad, nuestra habilidad de pensar y de razonar. Cuando entendemos esta verdad y empezamos a confiar en Dios, dejamos el camino de la muerte y entramos en el camino de la vida. Y después de haber iniciado el camino de la vida y cooperamos con el Señor

¿PODRÍA SER TAN SIMPLE?

en la sanación de nuestras mentes, queda aún una razón más por la cual sufre el justo.

**Cuarto: Un Testigo**

El primer capítulo del libro de Job nos permite ver detrás del velo para ver la guerra que está siendo librada en el cielo. La escena comienza con Dios sentado en su trono. Alrededor de Él se encuentran reunidos los hijos de la mañana. Las criaturas inteligentes de Dios de todo el universo.

Muy pronto llega Satanás de andar por la tierra. Entonces Dios hace algo asombroso. Él hace un juicio sobre Job, observando a Satanás, "¿Has visto a mi siervo Job? Él es perfecto y justo en todos sus caminos. No hay nadie como él en la tierra". Pero Satanás responde. "Oh, no, no es así. Job simplemente aparenta ser justo porque Tú le has cuidado muy bien. Quítale tu protección y entonces veras su verdadero carácter. Él te maldecirá en tu propia cara".

Ahí se inicia la carrera. ¿Quién está diciendo la verdad, Dios o Satanás? Los hijos de la mañana deben haber tenido todo su interés en Dios cuando los escucharon decir: "Muy bien, Satanás, Job esta en tus manos. Puedes hacer lo que quieras con él excepto matarlo".

Luego de esa declaración, Satanás estaba libre para tratar a Job como quisiera. ¿Y qué fue lo que hizo? Él le pudo haber dado 100 veces más riqueza de la que tenía Job pero no lo hizo. Debido a que Satanás es un destructor, inmediatamente le quito toda su riqueza, hijos y salud. Y al hacer esto, Satanás revelo al universo que lo observaba que él – no Dios – es el destructor. ¿Porque el Señor permitiría tal cosa?

Muchas personas asumen que la historia de Job sirve como una ilustración de como los justos deben enfrentar el sufrimiento. Pero más acertadamente, esta historia es una ilustración de la guerra universal entre el bien y el mal. Los ángeles no pueden leer los corazones ni las mentes. Si pudieran, Satanás nunca hubiera engañado a un tercio de ellos durante el primer conflicto en el cielo. Cuando Dios declaró que Job era justo, Satanás dijo lo contrario. Los ángeles no podían determinar quién estaba diciendo la verdad. Si Job hubiera cedido a la tentación de Satanás de maldecir a Dios, entonces Satanás se hubiera volteado al universo expectante y declarado, "¿Ven?, se los dije. Dios estaba equivocado sobre Job, y Él está equivocado en lo que dice de mí. Ustedes no pueden confiar en lo que Él dice"

Los asuntos en juego en el libro de Job son enormes. Pero Job era un amigo de Dios que confiaba tanto en Él, que Dios lo pudo llevar al banco de los testigos del universo para dar testimonio de su carácter. Algunas veces los justos sufren como un testigo, demostrando la diferencia entre los dos motivos antagónicos: Los métodos de Dios de amor y libertad y los métodos de Satanás de egoísmo, fuerza y coerción.

### Dios Ofrece Verdadera Libertad

El gobierno de Dios ofrece verdadera libertad. Dios permite que los individuos ejerciten abiertamente su voluntad para bien o para mal, y de esa manera les revela a todos – el universo expectante y a nosotros - lo que sucede cuando uno prefiere los métodos de Satanás en lugar de los métodos de Dios.

Como hemos visto en las vidas de muchos de los pacientes presentados en este libro, cuando los métodos de Dios son ignorados, ocurren dolor y destrucción. El Señor permite que sucedan tales eventos dolorosos porque es Él quien verdaderamente da libertad. Al mismo tiempo, sin embargo, el abuso de nuestra libertad revela la diferencia entre los métodos de Dios y los de Satanás.

Dios nos quiere ver en el camino del bienestar, el camino de la vida, el camino del amor y la libertad, y entonces no deja escoger libremente sus métodos y poder vivir. Es solo con el libre ejercicio de nuestra voluntad, al escoger la verdad, que nos recuperamos de los problemas que nos agobian.

Es verdad que el poder de liberarnos del pecado no está dentro de nosotros. Pero cuando ejercitamos la voluntad y libremente escogemos lo que es mejor, Dios llena la mente con la energía divina que provee la fuerza necesaria para liberarnos de los hábitos destructivos de nuestra vida. Como el apóstol Pedro lo dijo, llegamos a ser "partícipes de la naturaleza divina" y vivimos en armonía con Dios y sus métodos (2 Pedro 1:4 RV). Entonces llegamos a ser verdaderos soldados de Cristo, capaces de ser heridos, si es necesario, para poder revelar la verdad y ganar la guerra.

Mi amigo Graham Maxwell lo dijo de la siguiente manera:" Creo que la creencia cristiana más importante es la que trae alegría y confianza a los amigos de Dios en todo lugar – la verdad sobre nuestro Padre celestial que fue confirmada en el costo de la vida y la muerte de Su Hijo.

"Dios no es el tipo de persona que sus enemigos dicen que es – arbitrario, implacable y sin misericordia…. Dios es tan amoroso y confiable como Su Hijo, igual de capaz de perdonar y de curar. Aunque infinito en majestad y poder, nuestro creador es igualmente un persona que valora en gran manera la libertad, la dignidad e individualidad de sus criaturas inteligentes - para que ellos puedan darle libremente su amor, disposición para escuchar y obediencia. Él inclusive prefiere considerarnos amigos y no siervos. Esta es

## ¿PODRÍA SER TAN SIMPLE?

la verdad revelada por medio de todos los libros de la escritura. Estas son las eternas buenas nuevas que ganan la confianza y la admiración de los hijos leales de Dios en todo el universo.

"Así como Abraham y Moisés – a quienes Dios les habló como amigos de confianza - los amigos de Dios, hoy quieren hablar bien y fielmente de nuestro Padre celestial. Tenemos como el mayor anhelo las palabras de Dios sobre Job: "Lo que ha dicho de mí es correcto".

Me pregunto lo que mi paciente, mencionada en la introducción, hubiera dicho si yo hubiera compartido estas verdades con ella. ¿Cómo hubiera respondido si se daba cuenta que Dios no había abusado de ella? ¿Cómo se sentiría si supiera que Dios mismo ha sufrido para poder alcanzarla? Y ¿cómo cambiaría su vida al descubrir que Él quería curarla? Creo que ella habría alcanzado la paz y la felicidad. Y lo más importante de todo, creo que le hubiera gustado un Dios así.

Capítulo 14

# El Camino de la Muerte

*"Hay caminos que parecen derechos, pero al final de ellos está la muerte."*
*—Proverbios 14:12 DHH*

Como lo hemos visto repetidamente, el problema con el pecado es que destruye. Las violaciones a las leyes de Dios del amor y la libertad, tienen como resultado natural la destrucción de nuestra capacidad de razonar y pensar. Perdemos la habilidad de discernir lo que es bueno y lo que es malo, lo correcto de lo incorrecto.

Cuando escogemos comportamientos destructivos, gradualmente debilitamos la conciencia y así disminuye su sensibilidad para percibir cuando se están rompiendo las leyes de Dios del amor y la libertad. Al perder nuestra capacidad moral llegamos a ser como animales que no piensan, llevados por la pasión y por la lujuria.

Si persistimos en nuestra rebelión, llegaremos a dañarnos tanto que seremos insensibles a cualquier cantidad de verdad que recibamos, porque el pecado ha destruido irrevocablemente nuestras facultades de la *razón* y la *conciencia*. El objetivo de Satanás es destruir nuestras facultades mentales superiores, destronando la *razón*, distorsionando o destruyendo la *conciencia*, y controlando la *voluntad* por medio de pasiones y sentimientos. Este es el camino de la muerte.

Cuando perecen las nuestras facultades mentales capaces de responder a la verdad, Dios ya no puede hacer nada para salvarnos. Estamos lejos de Su alcance y con tristeza nos dejar ir para que cosechemos las consecuencias de nuestras decisiones. Nos deja seguir el camino de la muerte.

# ¿PODRÍA SER TAN SIMPLE?

## La Verdad Entra En La Mente Por Medio De La Razón y La Conciencia

Cristo dijo, "La verdad os hará libres" (Juan 8:32). Satanás, as al no tener verdad en él, hace todo lo que está en su poder para evitar que la verdad acerca del carácter de Dios alcance nuestra comprensión. Él hace esto de diferentes maneras. Primero, intenta destruir la *razón* y la *conciencia*, ya que solamente a través de ellas es por donde la verdad puede entrar en nuestra mente. Sin la *razón* y la *conciencia* somos incapaces de comprender la verdad, y por lo tanto quedamos indefensos en la lucha por nuestra libertad.

## Aceptar Dos Creencias Opuestas Destruye Nuestra Razón

Uno de los métodos que Satanás usa para destruir la *razón* es convencer a la gente que crea en cosas que son contradictorias y que no tienen sentido. Para lograr esto, él los influye a hacer caso omiso de la razón de tal forma que acepten dos cosas que no pueden ser verdad al mismo tiempo.

Por ejemplo, Satanás contrarresta la verdad de que Dios es amor al alentarnos a creer que Dios escoge quien será salvo y quien se perderá, insistiendo que no tenemos libertad de elección en el asunto. Como lo hemos visto anteriormente, el amor no puede existir sin libertad. Por lo tanto, las dos creencias son mutuamente exclusivas. Ambas no pueden ser verdad al mismo tiempo y la única manera de creer en ambas es renunciando a la *razón*. En estas situaciones, racionalizamos la contradicción diciendo, "Yo lo creo por fe", que como ya lo vimos, no es fe en absoluto.

## El Pastor De Jóvenes Y El Hombre de Malvavisco

Un pastor de jóvenes hizo lo mejor que podía para describir las maravillas del cielo durante un retiro espiritual. Dio gloriosas descripciones de las inimaginables maravillas que nos esperan en el cielo y el eterno amor de Dios por nosotros. Entonces, como contraste, mostró un hombrecito-de-malvavisco suspendido de una cuerda. Al acercar el hombre de malvavisco al fuego, el pastor de jóvenes describió con horrible detalle el dolor y el sufrimiento que Dios ha de infligir sobre todos aquellos que rehúsen ser salvos. Les dijo a los jóvenes que el Señor ha hecho enormes esfuerzos para demostrar Su amor por nosotros, pero que si rehusamos rendir nuestras vidas a Él, Él se verá forzado a torturarnos y destruirnos.

La demostración del pastor de jóvenes representa una creencia antagónica. Si utilizamos nuestra razón, nos daremos cuenta de que Dios no puede ser un Padre amante y amenazarnos con destruirnos al mismo tiempo. Si Él nos trataría con métodos intimidantes, entonces nuestra respuesta hacia Él no sería dada libremente, sino que sería el resultado de la coerción. Tal relación no puede ser cierta ya que violaría la ley de Dios del amor y la libertad y traería como consecuencia rebelión. Solo al eliminar la razón, uno puede creer en la posición del pastor de jóvenes.

### Cuando El Dador De La Vida Nos Deja Ir....

Si Dios no está amenazando con destruir a aquellos que no se arrepienten, entonces ¿qué es lo que hará con aquellos que lo rechazan? Es muy simple. Él toma la única acción amorosa que puede tomar: Los deja ir, y cuando el Dador de la vida los deja ir, ellos mueren.

Imagina a un esposo que llega a la casa después del trabajo y queda destrozado cuando su esposa le dice que lo va a dejar por otro hombre. ¿De qué manera puede reaccionar el esposo?

Qué tal si la agarra de un brazo, y la arrastra hasta la habitación, la ata a la cama, le apunta una pistola en la cabeza y le dice, "Todo lo que quiero es tu amor. Pero si te rehúsas a amarme, me veré forzado, por el amor que te tengo, a matarte". ¿Cómo crees que reaccionaría ella? ¿Sentiría un amor más grande o un deseo más grande de salir corriendo?

Este trato claramente viola la ley de la libertad y trae como resultado una rebelión aun mayor, no un amor mayor. Dado que el esposo no puede recuperar a su esposa con tales tácticas, ¿qué puede hacer? Al pedirle que se quede, puede demostrar su amor hacia ella por medio de hechos. Puede inclusive pedirle a alguien que vaya y hable con su esposa y trate de convencerla de que se quede. Pero si, después de todos sus esfuerzos, ella insiste en dejarlo, ¿cuál es la única opción justa que puede tomar? Dejarla ir.

Si insistimos en dejar a Dios, teniendo en cuenta todos sus esfuerzos para recuperarnos, la única cosa amorosa y justa que Él puede hacer es dejarnos ir. Y cuando el Dador de la vida hace esto, morimos.

Al dejarnos ir, Dios nos deja cosechar las consecuencias de nuestras elecciones, es a lo que la Biblia se refiere como la ira de Dios. En Romanos 1 Pablo afirma esto tres veces (verso 24, 26 y 28), que la ira de Dios es "entregarnos" a nuestras decisiones. Cuando consideré esta posibilidad por primera vez, fue muy difícil para mí aceptarla, porque toda mi vida se me había enseñado que Dios un día usaría Su poder para castigar y destruir. El diluvio, Sodoma y Gomorra, la muerte de los primogénitos de Egipto, y muchas otras historias en el antiguo testamento apoyaban esa idea de que Dios castigaría.

Pero lo que yo no entendía entonces era que lo que Dios realmente le había dicho a Adán y a Eva: Si comes del fruto del árbol que está en medio del Jardín del Edén, "ciertamente morirás" (ver Génesis 2:17). En otras palabras, Él les dijo, "Si desobedeces, tus acciones te cambiaran tanto que traerán como resultado tu muerte. Si tú insistes en dejarme, Te tendré que dejar ir. Y dado que yo soy la fuente de tu vida, cuando estés separado de Mí, perecerás. La consecuencia natural de violar Mi ley de amor y libertad es la auto destrucción".

También había olvidado que sólo una persona en toda la historia había muerto la muerte de la cual Dios les habló a Adán y a Eva, la muerte que es la paga del pecado y que resulta en la separación de Dios – la muerte de los pecadores. Todos los ejemplos que he usado previamente para entender esto (El diluvio, Sodoma y Gomorra, los primogénitos de Egipto) no se aplican, porque cada una de esas personas resucitaran un día, ya sea para la resurrección de la vida o la resurrección de la muerte (Mateo 5:28; Apocalipsis 20:4-6)

Tuve que dar un vistazo a la cruz para descubrir lo que pasó con Cristo. Tuve que ver como trató Dios al que se hizo pecado, aunque Él no conocía el pecado (ver 2 Corintios 5:21). En la cruz, Dios trato a Su Hijo como alguien que no se había arrepentido, como un pecador incurable.

Cristo tomó el lugar del pecador en la cruz y experimento del padre lo que la persona que no se arrepiente enfrentara en el juicio final. ¿Y qué fue lo que Dios le hizo a Su Hijo en la cruz? ¿Qué fue lo que Cristo clamó al Padre? "¿Mi Dios, Mi Dios, porque me estas torturando?" ¿Porque me golpeas? ¿Por qué haces caer fuego sobre mi desde el cielo?" ¡No! El clamo: "Mi Dios, Mi Dios, porque Me has abandonado, porque Me dejas ir (ver Mateo 27:46; Romanos 4:25)

La evidencia lo apoya, y es extremadamente razonable creer que un Dios de amor dejaría ir a aquellos que libremente escogen separarse de Él. Él les permite irse porque han persistido en su rebelión por tanto tiempo que están lejos del alcance de la curación que El ofrece. Al rehusar usar las facultades que responden a la verdad, estas personas se destruyen a sí mismas. Perecen como resultado de sus propias decisiones y no como víctimas de un Dios vengativo que quiere torturarlos por la eternidad.

### El Fraude Masivo De Satanás

Satanás es un mentiroso tan convincente que ha perpetrado un fraude masivo sobre la mayor parte de la cristiandad en este aspecto. Isaías 33:14 nos dice que "los pecadores se asombraron en Sion, espanto sobrecogió a los hipócritas. ¿Quién de nosotros morará con el fuego consumidor? ¿Quién habitará en las llamas eternas?" Muchos cristianos concluyen que este texto se refiere al infierno.

## EL CAMINO DE LA MUERTE

Pero ¿quién dice la Biblia que habitará allá? El siguiente verso nos da la respuesta: "El que anda en justicia y habla lo recto, el que aborrece la ganancia de violencias, el que sacude sus manos para no recibir cohecho, el que tapa sus oídos para no oír propuestas sanguinarias, el que cierra sus ojos para no ver cosa mala." (Verso 15)

¿Deberíamos simplemente basarnos en la "fe" al abordar el texto? "Dios lo dijo, yo lo creo, eso es suficiente". ¿O deberíamos hacer algunas preguntas?

Si tomamos la Biblia como un todo, empezando en el Génesis y estudiando todos los otros libros, descubriremos algo sumamente interesante. En Éxodo 3, cuando Dios le habló a Moisés desde la zarza, la zarza ardía. Entonces en Éxodo 24:16, cuando Dios se aparece en el Sinaí, la gloria de Dios parecía como un "fuego consumidor".

2 Crónicas 5:13, 14 nos dice que cuando el templo de Salomón fue dedicado, Dios bajo y los sacerdotes no pudieron entrar al templo por el resplandor de Su gloria. Ezequiel 28 declara que antes de su caída, Lucifer caminaba en medio de piedras de fuego ante la presencia de Dios (verso 14).

2 Tesalonicenses 1 declara que el resplandor de la segunda venida de Cristo aniquilará a los impíos. 1 Timoteo 6:16 describe a Dios como una luz inaccesible. Hebreos 12:29 anuncia que "nuestro Dios es un fuego consumidor". Y en Apocalipsis 21:23 aprendemos que el cielo nuevo y la tierra nueva no tendrán necesidad de sol y de la luna para iluminar la tierra porque la presencia de Dios será su luz. ¿Qué significa todo esto?

El gran fraude de Satanás —que la vasta mayoría de cristianos han aceptado— es que el lugar a donde no quieres ir y donde no quieres estar, es el lugar de las llamas del fuego eterno y del fuego consumidor. *Pero ese lugar es la presencia misma de Dios.*

La gloria de Dios consume a todos los que no están en armonía con El, pero da vida y cura a quienes sí están en armonía. Su gloria transformará al justo, como lo hizo con Moisés cuando estuvo en el monte en la presencia de Dios. Cuando Moisés bajó del monte Sinaí, irradiaba tanto la gloria de Dios que los Israelitas le rogaron que usara un velo porque no podían resistir verlo (Éxodo 34:35).

Cristo demostró la misma realidad justo antes de Su crucifixión. Demostró que el fuego no es el que destruye. Camino en el fuego consumidor en el Monte de la Transfiguración. Allí, la ardiente gloria de Dios envolvió a Cristo. ¿Y qué sucedió? ¿Le quemó el fuego? ¿Lo hirió? ¡No! El fuego fue inofensivo porque Cristo estaba sin pecado. Cristo reveló que el fuego no es el que destruye. Es el pecado el que destruye. Es el pecado el que aniquila al pecador, no Dios.

## ¿PODRÍA SER TAN SIMPLE?

La verdad que presenta la Biblia es simple. Dios le da libre albedrio a todos. Si escogemos rechazar Sus métodos, lentamente destruimos nuestra habilidad de *razonar*, debilitamos nuestra *conciencia*, y perdemos la habilidad de gobernarnos a nosotros mismos. Llegamos a preferir los métodos del egoísmo, la fuerza, la explotación, el engaño y el secretismo a cambio de la verdad, el amor, la sinceridad y la libertad. En el proceso nos alejamos tanto de la armonía con Dios que Su presencia llega a ser un fuego consumidor.

Los impíos morirán como resultado de no estar aptos para vivir en la presencia de la gloria de Dios, y no a causa de un castigo impuesto por Dios. Pero aquellos que han cooperado con Dios para restaurar Su imagen en sus vidas – operando de nuevo bajo los principios del amor, la verdad, la sinceridad y la libertad – serán transformados por Su presencia y vivirán por siempre ante Su gloria vivificante, la llama eterna y el fuego consumidor.

### Dios Quiere Que Creamos Basándonos En La Evidencia

Dentro del Cristianismo encontramos muchas creencias que son mutuamente exclusivas y que contribuyen a la destrucción de la *razón* y la *conciencia*. Dios no quiere que aceptemos nada sin antes darnos suficiente evidencia, evidencia que apela a nuestra razón. Creer sin evidencia es irracional y puede hacerse solo cuando la razón no está en funcionamiento.

Pero las creencias que son mutuamente exclusivas no son la única manera para destruir la *razón* y la *conciencia*. Uno de los logros más grandes de Satanás es hacer que los cristianos enseñen como virtuosas, aquellas actividades que debilitan la razón. Tuve la oportunidad de experimentar tal evento de unsa manera muy personal.

### Tres Días De Confusión

Varios años atrás fui invitado a asistir a un seminario auspiciado por un grupo interdenominacional de cristianos. Dentro de los organizadores, estaban varios amigos míos bien cercanos, por esta razón decidí ir al seminario. Pero el aura del secretismo alrededor de este evento me hizo sospechar.

Antes de describir los métodos empleados durante ese fin de semana, debo decir que realmente creo que las personas que dirigieron ese seminario no entendían completamente lo que estaban haciendo. Los organizadores locales eran un grupo de cristianos sinceros, amables, educados y entusiastas. Pero no fueron ellos quienes establecieron las pautas para guiar el seminario, si no que seguían las guías establecidas por la organización madre. Por lo tanto, creo que no pensaron en el verdadero significado de lo que estaban haciendo.

## EL CAMINO DE LA MUERTE

Estoy completamente convencido de que cada una de las personas involucradas en ese fin de semana era sincera en su deseo por exaltar el nombre de Jesucristo. Sin embargo la sinceridad no siempre es suficiente.

Antes de su experiencia en el camino hacia Damasco, Saulo de Tarso busco sinceramente ganar adeptos al Judaísmo, pero empleó métodos de fuerza e intimidación. Cuando Pablo evangelizaba para Cristo luego de su encuentro con Cristo en el camino a Damasco, escribió Romanos 14, en el cual da su opinión concerniente a asuntos religiosos diciendo: "Cada uno esté plenamente convencido en su propia mente" (Romanos 14:5 RV 2000). Pablo había aprendido que el método de Dios incluye la verdad que es revelada con amor y que deja a otros libres para llegar a sus propias conclusiones. Cualquier método que restringe la libertad individual de pensar y escoger está en guerra contra Dios, no importa cuán sincera sea la persona que lo utiliza.

El objetivo del seminario era mejorar la relación personal con Dios, y a la vez crear mayor unidad entre los hermanos Cristianos - un objetivo que apoyé con todo mi corazón. Pero ya antes de que empezaran las reuniones, algunas preocupaciones aparecieron en mi mente. Cuando hice preguntas sobre lo que se había planeado, recibí respuestas evasivas y se me pidió no preguntar, y en cambio me alentaron a esperar y ver.

La ambigüedad me preocupo porque yo sabía que Dios funciona mediante un gobierno claro y abierto. Recordé el primer capítulo de Job, en el cual Dios manejó lo que le estaba pasando a Job a la luz de todo el universo que observaba. También pensé en la respuesta de Jesús durante Su tribunal ante el Sanedrín cuando el sumo sacerdote le pregunto sobre su trabajo: "Yo públicamente he hablado al mundo", respondió Jesús. "Siempre he enseñado en la sinagoga y en el templo, donde se reúnen todos los Judíos. Nada hablé en oculto." (Juan 18:20)

Yo sabía que Dios nos insta a ser sinceros y a hacer preguntas, porque cuando uno tiene la verdad de su lado, no tiene nada que esconder. También me di cuenta que Satanás utiliza el secretismo y la evasión. Dado que él no tiene la verdad, tiene que esconder lo más que pueda.

Pero mis amigos y aquellos que conocía en el seminario eran personas buenas, decentes y amorosas, y yo estaba convencido que no tenían malos motivos. Así que dejé mis preocupaciones a un lado y seguí adelante con mis planes de asistir al evento.

Este seminario en particular fue organizado con reglas bien específicas que fueron aplicadas estrictamente. Los hombres eran llevados secretamente un fin de semana y las mujeres eran llevadas el siguiente. Los participantes

## ¿PODRÍA SER TAN SIMPLE?

llegaban en autobuses y viajaban aproximadamente 100 kilómetros a un colegio abandonado, en una zona alejada que se utilizaba para tales retiros. Los participantes no podrían traer sus automóviles, celulares o computadoras.

Después de llegar, tenían que entregar sus relojes. Entonces, tenían que seguir una agenda en la que se esperaba que completaran ciertas tareas específicas y cumplir requerimientos explícitos. Las actividades del grupo masculino incluían actividades como oraciones en parejas con un compañero. Adicionalmente, los participantes recibían un libro que incluía recitaciones específicas, versículos y mantras, que cada uno debía recitar antes de cada reunión.

Las horas de comidas eran controladas y el sueño era regulado. Como nadie tenía relojes, pronto muchos perdieron la noción del tiempo. De hecho, sus relojes biológicos se vieron afectados. También se les quitó su espacio personal. Los participantes dormían en camarotes en grupos de 20 personas por habitación, y compartían los baños. Los organizadores, nunca permitieron que nadie estuviera solo o que hubiera tiempo para estudiar o para la reflexión personal.

Los organizadores dividieron al grupo en pequeños grupos y les asignaron mesas de 8 a 10 personas para sentarse. Aunque el grupo asumía que cada uno compartía su mesa con otros participantes, dos de los miembros organizadores fueron colocados de incógnito en cada mesa. Estos buscaron dirigir el curso de la conversación en la dirección que los organizadores habían determinado que era la mejor, llevando a los participantes a creer que estaban discutiendo cosas entre ellos mismos cuando realmente estaban hablando con organizadores que se hacían pasar por participantes.

Los organizadores del seminario justificaron este engaño diciendo a los miembros organizadores encubiertos, "Si alguien les pregunta si son parte de la organización del evento, no mientan". Pero el seminario hizo un gran esfuerzo para hacer parecer a tales individuos como si fueran participantes, de forma tal que nadie cuestionara el asunto.

Los organizadores disfrazados de participantes, se mezclaron con el grupo, dentro del cual rápidamente se desarrolló confianza y camaradería. Pero esta confianza estaba basada en premisas falsas y ponía a los participantes en una posición de gran vulnerabilidad a las sugerencias introducidas por los organizadores encubiertos que estaban presentes en cada grupo. El seminario había sido diseñado de este modo para romper con cualquier potencial resistencia que se presentara y para poder tener la capacidad de moldear sus creencias desde el interior de la confianza que tenía el grupo.

Se presentaron sermones espirituales, simples pero basados en la Biblia,

## EL CAMINO DE LA MUERTE

que ocultaron aún más lo que los organizadores estaban haciendo. Todo el ambiente era confuso para mí porque yo estaba acostumbrado a examinar las doctrinas y las enseñanzas para detectar cualquier peligro potencial. Pero al examinar los contenidos del retiro, encontré muy poco para comentar.

Debido a que me enfoqué en los testimonios y sermones, que eran inspiradores y motivantes, fallé al no ver claramente el cuadro completo del proceso. De hecho, los métodos utilizados fueron tan sutiles que recién después de varios años de estudio y reflexión he sido capaz de identificar los métodos perjudiciales que fueron empleados ese fin de semana.

Para mi mayor confusión y distracción, los organizadores llenaron el fin de semana de regalos de todo tipo – comida, tarjetas, cartas y múltiples símbolos del amor de Cristo, tales como palomas o cruces. Parecía que los regalos no tenían fin. Nos llenaron de regalos con la explicación de que demostraban la abundancia del eterno amor de Dios.

Tiempo después, con mayor información recordé que Dios no utiliza métodos como el secretismo, la falsedad, el ocultamiento y el control – menos siendo estos disfrazados de amabilidad superficial y regalos.

El seminario había sido organizado para generar una presión de grupo extrema sobre los individuos y lograr la conformidad de las personas sin su consentimiento. Por ejemplo, el retiro no le informo a nadie cual sería la agenda. Cada evento era una sorpresa. No había oportunidad de considerar si querían o no participar de determinadas actividades, sino que las personas se hallaban en medio de la actividad antes de poder decidir esto. Para cuando llegaba el momento era difícil retirarse, ya que salir generaría un trastorno para el resto. La presión de grupo aseguraba conformidad. Más aún, si alguien decidía saltarse alguna actividad, dos o tres miembros de los organizadores se acercaban y lo persuadían para que regresara. Se hicieron todos los esfuerzos posibles para evitar que los participantes tuvieran cualquier tiempo solo.

Al meditar en la experiencia, me di cuenta que esos métodos son similares a aquellos usados en los cultos o sectas para eliminar cualquier pensamiento individual y generar conformismo. Tales métodos son diseñados para socavar la identidad personal, la *razón* y la *conciencia*. Y en cambio, se promueve que las personas entreguen su libertad de elección al grupo, para que el grupo pueda pensar por el individuo. Esto es destructivo, no importa cuán cristiano parezca ser y no importa cuán sinceros sean los organizadores. De nuevo pienso en Saulo antes de su encuentro con Dio en el camino a Damasco. Él era sincero en su deseo de complacer a Dios, sin embargo los métodos que él usó eran realmente satánicos y perseguían a Cristo. Fue sólo después de que Pablo cambio sus métodos, que llegó a ser una poderosa herramienta en la causa de Dios.

## ¿PODRÍA SER TAN SIMPLE?

Los participantes, se encontraron confrontados con decisiones constantemente, pero nada relacionado con lo que era correcto o incorrecto. La mayoría de las decisiones requerirían que los participantes escogieran entre un comportamiento que mantendría la aceptación o generaría el rechazo del grupo.

Para el último evento de la semana, los participantes fueron llevados rápidamente a un cuarto donde se encontraron con graduados de previos seminarios. Se instruyó a cada uno de ellos que tendría que pararse en frente de la audiencia y compartir sus reflexiones personales de lo que el seminario había significado para ellos. No se dio tiempo para pensar en negarse, y de hacerlo, hubiera generado una situación incómoda solo para evitar tener que dar un testimonio público.

Además, varios cientos de personas en la audiencia esperaban con altas expectativas los testimonios, disminuyendo aún más la posibilidad de presentar un reporte sincero y libre de coerción e intimidación.

Cuando la ley de la libertad es violada, aparece la rebelión como una consecuencia predecible. Pero aquellos participantes del seminario no mostraron ni hostilidad ni ira. Ninguna evidencia de desacuerdo o rebelión salió a la superficie. Si la ley de le libertad fue violada, entonces ¿por qué no se presentó la rebelión como un resultado obvio? Aquí es donde el engaño llega a ser extremadamente sutil y, por lo tanto, aún más peligroso.

Cada participante con el cual hablé sintió un deseo de rebelarse, de resistir y retirarse. Algunos estaban claramente más inconformes que otros pero aparentemente todos sintieron lo mismo.

Pero debido a que las estrategias usadas eran presentadas como extremadamente cristianas, los participantes fueron llevados a pensar que su resistencia era una rebelión contra el Espíritu Santo. Esta justificación, por supuesto, no podría estar más alejada de la verdad. Las personas que fueron al seminario ese fin de semana, habían ido porque querían buscar una relación más profunda con el Señor. Cuando el seminario empleó los métodos del secretismo, el engaño, el control y la presión de grupo, cada participante tuvo una reacción guiada por Dios para rebelarse contra tales tácticas. Debido al hecho que los métodos usados estaban disfrazados con una apariencia cristiana, era muy difícil identificar exactamente qué era lo que estaban resistiendo. Esta inhabilidad de identificar la verdadera naturaleza de la rebelión (contra los métodos incorrectos, no contra Dios) los dejo expuestos al engaño de tal forma, que cualquier resistencia aparentaba ser en contra de Dios mismo.

Tanto los organizadores reconocidos como aquellos que estaban

# EL CAMINO DE LA MUERTE

encubiertos en los grupos promovieron este engaño para que los participantes fueran fácilmente convencidos de suprimir su búsqueda de libertad y a cambio se conformaran con el objetivo del grupo. Consecuentemente, el seminario no produjo una rebelión abierta, sino solo una lenta erosión de la individualidad junto con una habilidad deteriorada de razonar y pensar.

Los organizadores del seminario, sin duda, intentaban con su programación difundir el evangelio e incrementar el amor cristiano. Pero no tuvieron éxito porque -aun cuando el seminario estuvo lleno de música Cristiana, oración, sacramentos y testimonios – ellos utilizaron los métodos de secretismo, manipulación, engaño, coerción y control.

El evangelio (las buenas nuevas) de Dios es que Él no emplea tales métodos. Sus métodos son la sinceridad, verdad, amor y libertad y estos resultan en la restauración de la imagen de Dios en nuestro interior, así como también el fortalecimiento de la *razón*, la purificación de la *conciencia*, el desarrollo del dominio propio y mayor libertad y autonomía. Pero los métodos que siguieron los organizadores del seminario, a cambio de promover la curación de la mente, desafortunadamente promovieron una mayor destrucción de la imagen de Dios, al violar las libertades individuales y erosionar sutilmente la identidad personal.

### Los Símbolos Tienen Significado

¿Cómo es posible que un ser inteligente se aferre a dos creencias que son mutuamente exclusivas? Una de las estrategias de Satanás es persuadir a las personas a aceptar el simbolismo como un hecho a cambio de buscar el verdadero significado de los símbolos mismos, aceptar la metáfora como realidad antes que explorar el significado de la metáfora.

El Cristianismo está lleno de símbolos y lenguaje difícil que motiva la aceptación de creencias que no tienen sentido. Piense en la palabra "justificación". Pregúntele al pastor que significa, y muy seguramente recibirá una explicación como la siguiente:

"Cuando la raza humana pecó, cayó bajo la condenación de la ley de Dios. El castigo por romper la ley divina es la muerte. Pero Dios nos amó tanto que no quiso que muriéramos, así que envió a Su hijo para pagar el precio por medio del derramamiento de Su sangre. Si usted acepta el pago de la sangre de Cristo en reemplazo suyo, entonces es justificado, o aceptado por Dios. Usted es lavado en la sangre de Cristo y sus pecados son perdonados, no por sus propios méritos, sino basado en los méritos del sacrificio de Cristo".

¿Es este el significado de justificación? Bajo el menú de mi programa Microsoft Word tengo la opción de "justificar" el texto, el cual puedo usar

## ¿PODRÍA SER TAN SIMPLE?

para alinear palabras y enderezar los márgenes. Cuando presiono esa opción, ¿qué creen que sucede? El margen izquierdo y derecho quedan alineados. Todo lo que estaba fuera de la armonía es puesto en armonía, todo lo que estaba fuera de orden es puesto en orden, todo lo que estaba fuera de la línea es llevado a la línea, todo lo que estaba mal es corregido. En nuestro mundo de pecado, ¿qué es lo que está fuera de orden que necesita ser puesto en orden de nuevo? ¿Qué es lo que está mal que necesita ser corregido?

Cuando Adán pecó, ¿fue Dios quien experimentó algún cambio que necesitara ser corregido? Por supuesto que no. Dios es el mismo ayer, hoy y siempre. Entonces ¿necesitamos que Cristo muera para calmar a Dios, para que el Padre cambie su actitud hacia nosotros y convencerlo que nos perdone? ¡No! "Porque de tal manera amó Dios al mundo que ha dado a su hijo unigénito". (Juan 3:16). "Dios estaba en Cristo reconciliando consigo al mundo" (2 Corintios 5:19). "Si Dios es por nosotros, ¿quién contra nosotros?" (Romanos 8:31). Cristo dijo, "Cualquiera que me ha visto, ha visto al Padre" (Juan 14:9). Cristo es una "exacta representación" del padre (Hebreos 1:3). Nunca ha existido un problema con Dios. Él siempre ha estado de nuestro lado.

Pero cuando Adán pecó, ¿no fue él quien cambio? ¡Si! Su mente dejo de funcionar del modo apropiado. Dejó desconfiar en Dios y valorar sus métodos y principios de gobierno, y se volvió egoísta.

Lo que necesitaba ser corregido era el corazón y la mente humana. *Justificar*, simplemente significa restaurar nuestros corazones y mentes y "alinearlos" con el corazón y la mente de Dios para volver a amar y confiar. Pero esto solo puede pasar por medio de la revelación de la verdad acerca del carácter de amor de Dios. Entonces cada persona tiene la responsabilidad de pesar y decidir libremente si acepta o rechaza esta verdad.

Muchos símbolos en el cristianismo son malentendidos y como resultado debilitan la capacidad de razonar. Piensa en el significado de ser lavado en la sangre o limpiado por la sangre. ¿Somos realmente lavados en el líquido rojo que corre por nuestras venas? Obviamente que no. Entonces ¿qué es lo que este símbolo significa?

La sangre es un símbolo Bíblico de la vida (Levítico 17:11). La vida de Cristo revela la verdad acerca de Dios y expone las mentiras que Satanás ha dicho sobre Él. Aquellos que entienden y aceptan esta verdad son "lavados" y sus mentes son limpiadas de las distorsiones y malentendidos sobre Dios.

¿Qué es lo que la sangre hace en el cuerpo? Trae vida (oxígeno y nutrientes) y remueve la muerte (dióxido de carbono y desechos). Considere el rol de la verdad sobre Dios que ha sido revelada en la vida y muerte de Cristo (la sangre de Cristo). Esta trae vida (verdad acerca de Dios) y remueve la muerte (mentiras acerca de Dios). Ser lavado por la sangre significa tener

## EL CAMINO DE LA MUERTE

la mente restaurada por medio de la verdad revelada por medio de Cristo.

Hebreos 2:14 nos da mayor información sobre este proceso: "Así que, por cuanto los hijos participaron de carne y sangre, él también participo de lo mismo, para destruir por medio de la muerte al que tenía el imperio de la muerte, esto es, al diablo". ¿Sabía usted que el diablo tiene el poder de la muerte? ¿Cuál es este poder?

Juan 17:3 nos da una respuesta en palabras de Cristo mismo: "Y esta es la vida eterna: que te conozcan a ti, El único Dios verdadero, y a Jesucristo, a quien has enviado". Si la vida eterna es conocer a Dios, entonces ¿qué puede ser la muerte eterna? ¡No conocer a Dios! Entonces ¿cuál es el poder de Satanás? Las mentiras que dice sobre Dios, para que las creamos, y así mantenernos sin conocerlo.

La sangre de Cristo simboliza la verdad revelada en la vida y muerte de Cristo que destruye las mentiras de Satanás. La verdad nos hace libres. Sana nuestras mentes y restaura nuestra relación con el Padre.

Dentro del cristianismo encontramos muchos otros ejemplos de simbolismo y lenguaje que han sido malinterpretados. Piensa en algunos de los ejemplos que te son familiares y luego busca su significado.

### Seis Señales De Que La Razón Está Siendo Destruida

Dado que la razón puede ser debilitada de muchas maneras, vamos a explorar algunas de las señales que indican que la razón está siendo removida del rol para el que fue creada. A continuación tenemos seis señales comunes que frecuentemente surgen cuando la razón no está siendo utilizada.

### 1. Dios Lo Dijo, Yo Lo Creo, Eso Es Suficiente

Muchas personas muestran síntomas de haber permitido que su razón sea puesta a un lado, han perdido la habilidad de pensar por sí mismos. Quizás haya escuchado a alguien decir, "Dios lo dijo, yo lo creo, eso es suficiente". Aunque suena muy espiritual y parece como "un camino que parece derecho" (Proverbios 14:12), su fin lleva a la muerte, porque debilita la razón y restringe la habilidad de la persona para reconocer la verdad. Abre la puerta a creer en cualquier cosa.

¿Será que Dios quiere que creamos simplemente porque Él lo dice así? O ¿será que prefiere que creamos porque la verdad está de Su lado, y hemos llegado a entender la verdad? Cualquiera puede hacer afirmaciones, pero solo Dios tiene la verdad. Reflexiona en el texto de la Biblia que dice, "Dios es amor" (1 Juan 4:8). ¿Cómo podemos saber que Dios es amor? ¿Porque la Biblia dice, "Dios es amor"? Tal declaración es simplemente una afirmación, y Satanás podría hacer una afirmación similar.

## ¿PODRÍA SER TAN SIMPLE?

Sabemos que Dios es amor no solamente por el hecho de que Dios dijo, "Yo soy amor", sino por toda la evidencia que nos ha dado como muestra de Su amor. Considere la multitud de historias que se encuentran en la Biblia demostrando Su misericordia, Su gracia y Su continuo cuidado por nuestro planeta, culminando en la muerte de Cristo en la cruz como una desbordante evidencia del amor divino.

Dios no tiene que apoyarse en proclamaciones o eslóganes, porque Él tiene la evidencia de su lado. En cambio Satanás, al no tener evidencia, intenta convencer a las personas por medio de declaraciones y afirmaciones.

¿Se acuerda cuando Bill Clinton se paró en frente de toda la nación y proclamo, "Yo no tuve ninguna relación sexual con esa mujer"? Cuando Mónica Lewinsky trajo su vestido y fue sometido a una prueba de ADN, la evidencia reveló la verdad. Satanás no tiene verdad, así que se alegra cuando los cristianos practican métodos que se apoyan en declaraciones sin evidencia, porque de esa manera los prepara para un engaño.

El Señor no quiere que creamos basados meramente en el peso de sus declaraciones personales. Luego de la resurrección de Cristo, dos individuos caminaban por el camino a Emaús cuando un tercero se les unió. Sabemos que ese tercero era Cristo, pero ellos no lo reconocieron.

Desanimados por la crucifixión de Cristo, estos discípulos no se habían dado cuenta que Él había resucitado. ¿Cómo manejó Cristo esa situación? Él podía haber escogido mostrarles su identidad con gran poder y declarar, "Soy yo, el salvador resucitado, crean en mi". En cambio, los llevó por medio de la evidencia de las escrituras del antiguo testamento que predecían los eventos de su vida. Entonces, cuando ellos estaban convencidos del peso de la evidencia de las escrituras, Él se reveló a ellos.

Dios no quiere que creamos basados en declaraciones personales y afirmaciones. Más bien quiere que creamos la verdad basados en la evidencia. En el libro de Isaías Dios dice, Venid entonces, y razonemos – dice el Señor – Aunque "vuestros pecados sean como la grana, como la nieve serán emblanquecidos. Aunque sean rojos como el carmesí, vendrán a ser como blanca lana" (Isaías 1:18). El proceso de estudiar la evidencia y descubrir la verdad por nosotros mismos quita las mentiras de nuestras mentes y nos transforma para ser cada vez más parecidos a Cristo. Esto no puede ocurrir solo creyendo declaraciones. Aceptar declaraciones sin evidencia debilita la razón y debilita la mente.

### 2. Si Es Bueno Para Mamá…

Desafortunadamente esta es una práctica bastante común en el cristianismo - el creer basados en lo que dice alguien que amas o confías. Recientemente la Iglesia Anglicana cambió su creencia oficial sobre el infierno. Tradicionalmente ellos sostenían que el infierno era un lugar donde se atormentaba eternamente con fuego. Sin embargo, recientemente la Iglesia Anglicana modifico su posición y ahora enseña que los impíos en el tiempo del fin, serán completamente aniquilados, argumentando de que la doctrina del tormento eterno muestra a Dios como un "monstruo sádico".

Imagina un miembro de la Iglesia Anglicana preguntando sobre el infierno a alguien que cree en el tormento eterno. Si aquellos que mantienen el concepto del tormento eterno responden diciendo, "Yo creo en el fuego eterno del infierno porque eso es lo que creen mis padres", estas personas, ¿están demostrando que piensan por ellos mismos? Esta respuesta ¿revela el uso o el destronamiento de la razón? Y qué tal si dijeran, "Bueno, eso es lo que mi pastor dice" o "Yo he creído esto toda mi vida; no voy a cambiar ahora". Tales respuestas revelan que la razón ha sido puesta a un lado, y que aquellos individuos han cerrado sus mentes a la revelación de cualquier verdad nueva.

### 3. Tantas Personas No Pueden Estar Equivocadas

Una de mis respuestas favoritas que indican que la razón ha sido puesta a un lado ocurre cuando alguien dice, "La mayoría de las iglesias enseñan esto. Tantas personas no pueden estar equivocadas." Pero aquellos que usan este argumento para mantener desconectada la razón, olvidan que la mayoría de las personas en el tiempo de Noé y en los tiempos de Cristo estuvieron equivocadas. No, el voto de la mayoría no indica necesariamente que es verdad.

### 4. Rechazo y Enojo Ante Preguntas Sobre lo que se Cree

Una desafortunada pero igualmente cierta evidencia de que la razón ha sido paralizada aparece cuando las personas reaccionan con ira a preguntas acerca de lo que creen. La verdad puede darse el lujo de ser investigada, por lo tanto aquellos que poseen la verdad no deben sentirse amenazados cuando surgen preguntas. Pero los puntos de vista que están basados en el error se desmoronarán al ser puestos a investigación. Por esta razón muchas personas que no están seguras de la validez de lo que creen evitan examinar sus creencias siempre que sea posible. La ira y el rechazo a ser cuestionados son signos frecuentes de que no se está utilizando la razón.

Esto es cierto aun cuando las personas creen en la verdad, pero lo hace porque alguien les ha dicho en qué creer en vez de razonar el tema por sí mismos. Tales individuos experimentan rabia cuando se les pregunta porque nunca han examinado la verdad por ellos mismos y no saben la evidencia o las razones de porque creen lo que creen. Su *razón* está inactiva.

### 5. Fe Ciega

Cuando se les pregunta por algo que no tiene sentido para lo cual no tienen evidencia, muchas personas responden que ellos "lo creen por fe". Como ya lo hemos visto en nuestro capítulo sobre la fe, la verdadera fe se apoya en la evidencia, de modo que no evita la investigación ni la búsqueda de evidencia. No solamente las falsedades de Satanás demandan ser aceptadas sin evidencia, porque él sabe que la búsqueda de evidencia destruirá la falsa creencia.

### 6. El Logro Más Grande De Satanás: El Espiritismo

Satanás se alegra cuando los cristianos emplean métodos que terminan en la lenta erosión de la imagen interior de Dios. Desafortunadamente, muchos de estos métodos perjudiciales han logrado entrar en los círculos cristianos.

Quizás el logro de Satanás dentro del cristianismo es la introducción del espiritismo. Como ya lo descubrimos al final de nuestro capítulo sobre la fe, el espiritismo es la búsqueda del conocimiento sin la investigación de la evidencia o el uso de la *razón*.

En ciertos círculos cristianos el engaño está bien difundido. De hecho, para muchos, las experiencias sobrenaturales sustituyen el estudio de las Escrituras, y basan su creencia en emociones volátiles antes que en una comprensión razonable de la verdad. Nada puede ser más peligroso que esta combinación. De este modo se revierte el orden completo de la jerarquía que Dios dio a la mente, permitiendo que los sentimientos sirvan como evidencia, mientras la razón se paraliza con el engaño de que el trabajo del Espíritu Santo no se puede entender, sino que debe ser aceptado solamente por fe.

Algunos grupos religiosos creen que el Espíritu Santo ejerce su influencia en las personas haciéndolas sacudirse violentamente en el piso o reír descontroladamente. Pero la Biblia es clara al mostrar que los frutos del Espíritu Santo incluyen amor, felicidad, paz, paciencia, amabilidad, bondad, fidelidad, gentileza y autocontrol (Gálatas 5:22,23).

Cuando el Espíritu Santo llega a nuestras vidas, desarrollamos cada vez mayor auto control. Es el espíritu de Satanás quien quiere que los seres creados a la imagen de Dios se vuelvan como bestias irracionales, criaturas instintivas que se sacuden en el piso como un pescado, perdiendo su habilidad de razonar.

Pero debido a que muchas de estas experiencias se sienten muy bien, aquellos que las experimentan con frecuencia las aceptan como que son guiadas por el Espíritu de Dios. Si solamente estas personas volvieran a utilizar su razón y recordaran Santiago 1:14 que nos dice que somos tentados por nuestros propios sentimientos. Si tan solo aquellas personas valoraran la verdad sin importar como se siente, entonces Dios podría completar su meta de recrear Su imagen interior en ellos. Si tan solo…

*The Mystery of Salvation: The Story of God's Gift. A Report by the Doctrine Commission of the Church of England* (London: Church House Publishing, 1995).P. 197

Capítulo **15**

# Saliendo de las Sombras

Con unos grandes ojos verdes, piel color oliva, y cabello café, Martina era hermosa y podría pasar fácilmente por una modelo famosa. Sin embargo, al mirarla más atentamente, parecía infantil, insegura, temerosa, emanando una inocencia que enmascaraba un océano de heridas y dolor. Parecía comunicar, sin palabras, su deseo de ser amada y aceptada.

A la edad de los 19 años Martina medía 1,73 metros y pesaba 51 kilos. Su ginecólogo me la remitió por su persistente pérdida de peso. Al hablar lo que le pasaba, Martina me dijo que se sentía "gorda", y cuando se sentía gorda, se sentía fea. Por lo tanto, dejaba de comer porque odiaba sentirse fea.

Martina reportó que su niñez había sido difícil porque su madre siempre demandaba perfección de parte de ella, y Martina creía que ella nunca podría alcanzar las expectativas de su madre. Ella me contó que su madre era constantemente crítica. No importaba cuanto lo intentara, Martina nunca sintió la aprobación de su madre. También recuerda que su tío había abusado sexualmente de ella desde los 5 hasta los 14 años, pero no le había dicho a nadie por temor a lo que pudieran pensar.

Cuando Martina tenía aproximadamente 16 años de edad, empezó a restringir su dieta como una forma de tomar control de su vida. Comer se convirtió en el foco de su interacción con sus padres, que incluía frecuentes discusiones con su madre, quien trataba de forzarla a comer.

Cuando su hija no le hacía caso, su madre respondía criticándola con comentarios como "no me importa si comes o no. No me importa si vives o te mueres". Martina se sentía extremadamente herida y rechazada por su madre y sin embargo continuaba buscando su aprobación y aceptación.

## SALIENDO DE LAS SOMBRAS

Preocupada por sus problemas sobre lo que pensaba su madre, Martina dedicaba una gran parte de su tiempo y energía a tratar de complacerla. Aunque se daba cuenta que su madre la controlaba por medio de la culpa y el ridículo, a Martina le aterrorizaba la idea de ser libre del control de su madre. Martina permitía que su madre tomara la mayoría de sus decisiones, y aceptaba su punto de vista en la mayoría de los temas. Ni una vez estuvo abiertamente en desacuerdo con su madre. Aunque era solo un poco más que la sombra de su madre, por dentro, Martina anhelaba tener su propia personalidad.

Durante el trabajo que realizamos juntos, Martina continuó perdiendo peso y llego a pesar 46 kilos. Sus períodos menstruales se detuvieron, y empezó a tener desmayos. Para prevenir que empezaran a fallar múltiples órganos en su cuerpo, fue hospitalizada en tres ocasiones. Realmente estaba luchando por su vida.

Martina sufrió de muchas creencias irracionales e ilógicas que estaban al borde del absurdo, tales como creer que ella estaba gorda cuando pesaba solamente 46 Kilos. También aceptó que, debido a algún problema que tenía, nunca conseguiría la aceptación de su madre. Como resultado, encontraba con frecuencia fallas en sí misma − una consecuencia que simplemente aumentaba la falsa creencia de que no podía lograr nada en la vida.

Después de varias sesiones llegué a algunas conclusiones sobre su situación. Era claro que la raíz del problema de Martina yacía en el destronamiento y neutralización de su razón, la distorsión de su conciencia, que constantemente era bombardeada con una culpa ilegítima, y la adopción de un sistema de creencias sostenido por el dominio continuo de los sentimientos negativos de su madre y su completa vulnerabilidad a la opinión de otros. Martina nunca había aprendido como hacer el balance correcto de su mente en el orden jerárquico correcto.

Dada la severidad de su enfermedad, teníamos que usar diferentes medicamentos para estabilizar su estado biológico con el fin de permitirle recibir el máximo beneficio de la psicoterapia. El énfasis de la terapia fue fortalecer y restaurar su razón, purificar su conciencia, y establecer sus facultades mentales como las agencias de gobierno en su mente. Llego a ser extremadamente importante que aprendiera a examinar sus sentimientos a la luz de la verdad y la evidencia, y entonces valorar la verdad − sin importar como se sentía. No fue una tarea fácil.

Martina fue capaz de reconocer que aunque ella se consideraba a sí misma "gorda", no tenía evidencia que apoyara tal opinión. De hecho, ella finalmente fue capaz de reconocer que la evidencia revelaba exactamente lo

## ¿PODRÍA SER TAN SIMPLE?

opuesto – que estaba seriamente por debajo de su peso normal.

El reconocimiento de la evidencia relacionada con su peso no eliminó el sentimiento de ser gorda. Sin embargo, le permitió darse cuenta que cuando se sentía gorda, sus sentimientos no partían del hecho de tener sobre peso, sino que estaban conectados con algo más.

Ella llego a entender que el "sentimiento de gordura" era el "sentimiento de ser fea" disfrazado. Entonces utilizó su razón para explorar donde se originaba el sentimiento de ser fea, y pronto se dio cuenta que tenía sus raíces en el ridículo constante de su madre y el abuso de su tío. Lo siguiente que hizo fue explorar la verdad de que el "feo" comportamiento de su madre revelaba cuan "fea" era su madre, no Martina. Similarmente, el abuso que había sufrido de su tío era en sí mismo "feo" y desagradable, pero ella no lo era.

Cuando empezó a reconocer y a aplicar la verdad, y la comprensión clara de lo que le pasaba, lentamente reemplazó las distorsiones y las falsas conclusiones. La verdad la empezó a liberar. Cuando Martina vio la situación con más claridad, vio que los demás también cometían errores, y empezó a valorar la verdad por encima de la opinión de otros. Esto le permitió una mayor autonomía y ejercicio de su voluntad.

Pero los problemas de Martina no ocurrieron aisladamente. Mientras luchaba por su bienestar y autonomía, encontró resistencia en su casa. La joven mujer contó que su madre continuó dictando todas sus acciones. No tenía libertad para escoger su propia ropa, sus propias actividades o inclusive sus propias clases en la universidad.

Después de haber explorado los principios de la libertad, entendió que su individualidad y su libertad estaban siendo persistentemente atacadas por su madre. Martina aprendió que al someterse al control de su madre, perdió el respeto por sí misma y experimentó resentimiento hacia su madre. Se dio cuenta que había llegado a ser la sombra de su madre. Más importante aún, Martina entendió que si no hacía algo al respecto, nunca llegaría a tener su propia personalidad.

Cuando invitamos a sus padres a unirse a ella para una terapia familiar, su padre estuvo dispuesto, pero su madre se a rehusó hacerlo. Martina se dio cuenta de la importancia de aprender a pensar por sí misma, y empezó de la manera más sencilla a ejercer su propia individualidad, escogiendo usar una camiseta que su madre no había escogido por ella. Su madre la acusó de ser una rebelde y de no apoyarla. Le dijo a su hija que la había decepcionado.

Martina fue capaz de reconocer que su madre era la que no la apoyaba, así que hizo arreglos para salir de la casa de sus padres e irse a vivir con una amiga. Su madre se rehusó a ayudarla en cualquier manera.

## SALIENDO DE LAS SOMBRAS

Cuando llego el día de la mudanza, su padre le dio un abrazo, le dijo que la amaba y le dijo adiós, pero su madre rehusó salir de su cuarto, ni siquiera para decir adiós. Aunque esto causo que Martina se sintiera como si estuviera haciendo algo terriblemente malo, ella fue capaz de ejercitar su razón para examinar los hechos, los cuales revelaron que sus acciones eran buenas y que su madre se estaba comportando equivocadamente. Vio que su madre estaba de nuevo tratando de controlarla por medio de la culpa, así que escogió darle a su madre la libertad de hacer la escena.

El incidente confirmó que Martina había hecho un gran progreso. Aunque ella no estaba contenta por la forma en la que su madre la había tratado, fue capaz de tolerar aquellos sentimientos y ejercer su voluntad para decidir actuar en base a la verdad, a cambio de actuar en base a cómo se sentía.

Durante el curso de varios meses, Martina continuó practicando un pensamiento independiente y ejerciendo su voluntad para decidir lo que ella determinaba como lo mejor. Al continuar pensando y actuando por ella misma, su ánimo y su peso continuaron mejorando. Eventualmente, fue capaz de cortar con la conexión perjudicial con su madre y aceptarse por lo que era, no por lo que su madre le había enseñado.

Cuando nuestra terapia terminó, Martina pesaba 58 kilos, no usaba medicamentos, y se había inscripto para iniciar la escuela de Derecho. Escuché de ella 18 meses después de terminar la terapia. Seguía pesando alrededor de 60 kilos, estaba obteniendo muy buenas notas académicas en la universidad, y que lentamente ella y su madre estaban desarrollando una relación más saludable.

¿Qué hizo la diferencia para Martina? El restablecimiento del balance jerárquico apropiado de las facultades de la mente, aprender a usar su razón, limpiar su conciencia de las distorsiones, eliminar las falsas creencias de su mente, aprender a tolerar y examinar los sentimientos antes de aceptarlos como hechos, y valorar la verdad más que la opinión de otros. Martina comenzó a implementar la ley de la libertad y le dio a su madre la libertad de pensar lo que quisiera sin tratar de cambiarle la opinión. Como resultado, fue capaz de reconocer y valorar la verdad, aún si su madre no lo hacía. Al salir de las sombras, Martina ahora permanecía con la individualidad completa que Dios da. Era un ser pensante, no un mero reflejo de alguien más.

Este es el proceso que la Biblia describe como el crecimiento en Cristo, como llegar a ser un cristiano maduro. Los cristianos maduros son aquellos que han desarrollado la habilidad de discernir entre la verdad y el error, pensar por sí mismos, tolerar sentimientos negativos, mantener el autocontrol y valorar la verdad por encima de la aprobación de otros. Esta

¿PODRÍA SER TAN SIMPLE?

unidad restaurada con Dios es el enfoque central de la Biblia – es el plan de salvación de Dios.

Considera que la salvación se deriva de la raíz "salve", que significa, "sanar". El plan de salvación de Dios significa tomarnos enfermos, débiles de mente, egoístas y sanar el daño de nuestra mente, restaurando la habilidad de pensar claramente, amar libremente, y permanecer firmes por lo que es correcto, y a partir de esto ser transformados de enemigos de Dios a sus amigos.

Capítulo 16

# La Mente Restaurada

*"Todo depende del tipo de Dios en el que uno cree… En vez de culpar automáticamente a la persona que no cree en Dios, deberíamos preguntar primero si la noción de Dios que esa persona tiene es la de un Dios en el que no deberíamos creer"* –George McDonald

Después de ser consciente de la jerarquía de la mente, continúe mi investigación y descubrí muchos otros principios esenciales para lograr y mantener el bienestar mental. Anteriormente hablamos sobre la ley de la adoración y aprendimos que llegamos a ser como el Dios que admiramos y adoramos. Encontramos que las concepciones equivocadas sobre Dios traen como consecuencia la rebelión, el sufrimiento y el dolor.

La imagen que tenemos de Dios es muy importante debido a que ésta moldea directamente el desarrollo de nuestros caracteres individuales en la medida en que incorporamos a nuestra vida los principios y métodos del Dios que servimos. Los trágicos ataques terroristas del 11 de septiembre del 2001, demuestran este principio. Aquellos que realizaron los ataques creyeron que el asesinato de gente inocente complacería a la deidad que adoraban. Dada esta realidad, me gustaría compartir mi creencia personal sobre nuestro origen, el propósito de Dios al crearnos y finalmente sobre el Dios al que sirvo.

### El Origen Del Pecado

Hace mucho tiempo el universo era perfecto y puro, sin ningún sonido discordante, y todo estaba en armonía y paz. Dios, rey supremo, todo poderoso y amante al mismo tiempo, proveyó todo para el beneficio y la felicidad de sus criaturas inteligentes. Él no se guardaba nada que pudiera dar felicidad y bienestar. Mientras disfrutaba de una comunión íntima con sus criaturas inteligentes, una de sus relaciones más cercanas era con un ser llamado Lucifer (ver Isaías 14). El Señor bendecía a Lucifer con cada don imaginable: gran inteligencia, belleza, riqueza, gloria, autoridad, talento, influencia, y libre albedrío. Lucifer tenía una posición exaltada, superado solamente por Dios mismo y su hijo.

El nombre Lucifer significa "el que tiene la luz". Aun escuchamos ecos de su nombre en palabras como iluminar o luminoso. Él tenía el gran honor de ser el más grande de los seres creados en el conocimiento de Dios y entonces compartía su conocimiento y la luz que recibía de Él con todo el universo.

Imagínate a ti mismo como un ángel del cielo. Has conocido a Lucifer toda tu vida y has disfrutado varios viajes y has alabado a Dios con él. Lucifer es su comandante, su consejero, su amigo de confianza, y su confidente. De él has aprendido mucha información maravillosa sobre Dios, y ahora él ha venido de la presencia divina con unos nuevos y fascinantes detalles sobre Dios – cosas que nunca antes habías escuchado. Estos detalles son perturbadores, angustiantes y producen miedo.

Lucifer te recuerda el inmenso poder de Dios, y entonces sugiere que si alguna de las criaturas inteligentes de Dios no actúan de acuerdo con su plan, El usará su poder para herirlas y destruirlas. El afirma que mientras todos hagan lo que Dios quiere, habrá una apariencia de libertad. Pero si alguien se sale de lo indicado y viola Su ley, Dios usará todo su poder para castigar.

¿Qué harías? Pues vas a Dios y le dices, "Lucifer ha sugerido cosas sobre ti que son perturbadoras, cosas que inclusive producen miedo. Si son ciertas, ellas destruirían mi confianza en ti. Yo te amo Dios, pero también amo a Lucifer. No quiero tener que escoger."

Dios puede responder, "Estoy contento de que me ames. Y estoy contento de que ames a Lucifer también. Créeme: Lo que Lucifer está diciendo no es cierto." Entonces te vas de la presencia de Dios con confianza. Encuentra a Lucifer y te dice, "Acabe de hablar con Dios, y me dijo que lo que tú estás diciendo no es verdad".

"Ese es el punto", responde Lucifer. "¡Dios está mintiendo!"

¿Qué puede hacer Dios? ¿Cómo podría responder? ¿Por qué no proclama simplemente que Él está diciendo la verdad y Lucifer está mintiendo?

### La Evidencia Está Del Lado De Dios

Imagina que eres el pastor de una gran iglesia. Tu hermano, que es el primer anciano, calladamente y sutilmente va entre los miembros de la congregación, pidiendo a la gente que te ponga en sus listas de oración porque has estado tomando parte del dinero recolectado por la congregación. El confía que esas oraciones serán contestadas, que te arrepentirás y regresarás el dinero.

Por supuesto, no has tomado ni un centavo. Pero tu hermano ha sembrado las semillas de la duda. Cuando descubras lo que está haciendo, ¿cómo reaccionarías? Si enfrentas a toda la congregación para proclamar que eres inocente, ¿convencería eso a todos? De ninguna manera. Entonces, ¿qué haces? Llamas a un auditor externo que revise línea por línea, libro por libro, centavo por centavo y la verdad y la evidencia te exoneran y exponen al mentiroso.

¿Qué podría hacer Dios? La confusión que Satanás ha causado se ha esparcido por todo el universo. Se empiezan a formar facciones, la incertidumbre de los ángeles crece, y en el momento cuando las sutiles distorsiones de Satanás toman fuerza, Dios dice: "Hágase la luz…. Hágase el firmamento… Aparezca la tierra seca..." Al hacer falsas declaraciones sobre el Padre celestial y su Hijo, Dios da la evidencia de que Él es el Creador.

**La Humanidad Fue Creada Para Revelar La Verdad Sobre Dios**

Dios no hace simplemente afirmaciones. ¡No! El ofreció la evidencia, una verdad revelada que se puede demostrar. La expectativa empieza a crecer en el cielo cuando el universo ve a Dios creando. ¿Viste lo que Dios hizo hoy? ¿Qué crees que va a hacer mañana?" Y la atención del universo entero se encuentra centrada en nuestro pequeño mundo con gran expectativa, esperando la constante demostración de respuestas a los alegatos de Lucifer.

Y en el sexto día, con el universo entero mirando, Dios dice, "Hagamos al hombre a nuestra imagen" (Génesis 1:26). "varón y hembra los creo" (verso 27). Al juntarse el Padre, El Hijo y el Espíritu Santo se unen y crean a Su imagen, del mismo modo que Adán y Eva se unirían y procrearían a Su imagen. Y después de haber hecho la humanidad, Dios les dijo fructificad y multiplicaos en un mundo perfecto sin pecado.

Antes de que el pecado entrara a nuestro mundo, era el plan de Dios que Adán y Eva tuvieran hijos en un ambiente perfecto – uno gobernado por la ley del amor y la libertad. ¿Por qué los padres tienen hijos? ¿Los traen al mundo para esclavizarlos, para manipularlos, para explotarlos, o abusarlos? ¿O dedican su tiempo, energía, amor y recursos para el bienestar de sus hijos? Cuanto más en un mundo sin pecado.

Tal demostración hubiera revelado al universo expectante la verdad sobre como Dios trata a sus criaturas: que Dios no los creo para explotarlos, esclavizarlos, abusarlos o controlarlos. En cambio, El constantemente se da a sí mismo por el bienestar de su creación. ¿Puedes imaginarte el propósito de Dios al crear la humanidad? Por medio de su amor por el planeta y el cuidado de sus hijos, ¡la humanidad debía mostrar la verdad sobre como gobierna Dios su universo! ¡Dios creó la raza humana a Su imagen para revelar la verdad sobre sí mismo!

### Satanás Secuestró La Creación De Dios

Satanás reconoció la importancia de la humanidad. También se dio cuenta de que si el universo entendía la evidencia que ofrecía la creación de la humanidad, expondría sus mentiras y acabaría su rebelión. Para bloquear el plan de Dios, Santanas utilizó la misma estrategia que había usado en sus esfuerzos por confundir a los ángeles en el cielo. Esta vez el dirigió su engaño hacia nuestro planeta y específicamente a Adán y Eva.

Su intención era secuestrar la creación de Dios y evitar que la humanidad revelara la verdad sobre Dios, dañando tanto la mente humana, que revelaría una naturaleza completamente contraria al Creador. Para conseguir esto, se acercó a Adán y Eva y presentó una imagen distorsionada de Dios. Él puso en duda la confiabilidad divina. "¿Así que Dios os dijo que no comáis de ningún árbol del huerto? Oh, no, no morirán. Mírenme," declaró la serpiente. "Yo puedo hablar porque comí del árbol. Sabe Dios que si comen del árbol llegarán a ser como Dios, Él solo está tratando de evitar que eso pase" (ver Génesis 3)

Tristemente, luego de este encuentro Adán y Eva – la hermosa creación de Dios, hecha a su imagen para representar la verdad sobre Él – se rebeló contra su Padre celestial y llegaron a ser instrumentos de Satanás para distorsionar aún más a Dios frente al universo.

El carácter de Adán cambió inmediatamente de ser un carácter que reflejaba el amor y el sacrificio del yo a uno que incluía el temor y el egoísmo. En vez de sacrificar el yo y proteger a Eva, él la culpo tratando de excusarse a sí mismo.

El universo expectante sufrió una terrible confusión, preguntándose si Adán reflejaba fielmente el carácter de su Creador. Después de todo, ¿Estaba Lucifer en lo correcto? ¿Era Dios egoísta como Adán, incapaz de sacrificarse a sí mismo (en este caso por su creación), o por el contrario, sacrificaría a su creación para salvarse al mismo? Por este motivo, Jesús se convirtió en el segundo Adán, no para pagar la pena que el primer Adán debía, sino para terminar la obra que el primer Adán no pudo cumplir – revelar la verdad sobre Dios, y responder las preguntas y proveer la evidencia que protegiera al mundo no caído y nos liberara de las mentiras que nos tenían atados.

### El Sábado Es Evidencia de Nuestra Libertad Con Dios

Después de haber terminado de crear nuestro mundo y en su intento por revelar la verdad sobre sí mismo, Dios dio una de las más grandes evidencias de su garantía de que respetaba la libertad individual: El Sábado semanal.

Imagínate de nuevo siendo un ángel en el cielo durante el tiempo en el que comenzó la rebelión. Has escuchado a Lucifer sugerir que si te sales un poco de la instrucciones, Dios usará todo tu poder para castigar y destruir. Lucifer te explica que tu libertad no es verdadera, porque Dios concede bendiciones aparentes con la condición de que hagas lo que Él indica. Si te sales de lo instruido, Él te castigará. Y en ese momento ves a Dios crear el nuevo mundo, una increíble muestra de poder. Entonces más emociones de duda corren por tu mente. "¿Tenía razón Lucifer? ¿Qué tal si Dios está mostrando este inmenso poder para intimidar, presionar u obligar? ¿Esta simplemente mostrando sus músculos para asustarnos y presionarnos a hacer lo que Él dice?

Pero al contemplar las sutiles distorsiones de Satanás, Dios interviene: "Universo, ustedes han escuchado los argumentos de Lucifer, ustedes han escuchado el testimonio del Padre, el Hijo y el Espíritu; y ustedes han visto la evidencia que recién se ha presentado. Ahora, tomen 24 horas especiales y consideren esto por ustedes mismos." Y Dios creó el Sábado para refutar aún más los argumentos de Satanás y revelar que con Dios experimentamos una verdadera libertad de pensamiento y de elección.

El sábado revela que Dios nunca usará su poder para forzar a hacer las cosas a su manera. ¿Qué nos dice esto de Él cuando, en el contexto de un ataque contra su trono y gobierno, Él concede la libertad de escoger? ¿Qué dice esto de Dios cuando, en el contexto de los argumentos de que no se podía confiar en Él y que Él no era un ser confiable, crea un día para razonar y tomar decisiones libremente antes que usar su poder para forzar a toda rodilla del universo para que se incline? El sábado provee de una evidencia convincente de que Lucifer está mintiendo. ¡Con Dios somos verdaderamente libres!

¡Qué Dios increíble! ¡Asombroso Creador! ¿Cómo no confiar en un Dios que respeta tú libertad para escoger?

### La Verdad Sobre Dios

Es por medio de la comprensión de la verdad sobre Dios que valoramos

## ¿PODRÍA SER TAN SIMPLE?

su carácter, sus principios y métodos de hacer las cosas y por lo tanto confiar en Él. Nuestra prueba se fundamenta en la revelación de la evidencia que Él nos ha dado para demostrar su confiabilidad. Esto restablece la verdad y expulsa el temor de nuestros corazones, y empezamos de nuevo a funcionar motivados por el amor y no el egoísmo, el temor o la culpa.

Nuestra razón es ennoblecida, nuestra conciencia limpiada, nuestra voluntad fortalecida, y libremente escogemos practicar los métodos del Dios de amor y libertad. Es natural que lleguemos a ser más y más como Él. Nuestro dominio propio, dignidad, y nobleza de carácter dada por Dios son restauradas. Funcionamos bajo los principios del amor, la libertad y la sinceridad – siempre creciendo, madurando, obteniendo victorias al ser cambiados de enemigos de Dios a sus amigos, anhelando el día en el que nos encontremos con Él cara a cara.

No sé dónde está ahora mi paciente presentada al inicio de este libro. No sé lo que está haciendo. Tampoco sé si está viva o si ha tenido éxito en quitarse la vida. Pero si está viva, si todavía tiene dolor en su corazón, si todavía está luchando por encontrar respuestas – respuestas que yo no le pude dar hace tantos años atrás – espero que este libro la encuentre y que, en él, encuentre las respuestas para curar Su dolor y traer la paz a Su mente.

Estoy orando por Ella.